KB132650

대중교육사회의 형성

전후 일본의 학력주의와 평등 신화의 역사

大衆教育社會のゆくえ—學歷主義と平等神話の戰後史

가리야 다케히코 저 | 오성철 역

학지사

大衆教育社會のゆくえ－學歷主義と平等神話の戰後史
TAISHU KYOIKU SHAKAI NO YUKUE GAKUREKISHUGI TO BYODO SHINWA NO
SENGOSHI
by Takehiko Kariya

Copyright © 1995 Takehiko Kariya
Originally published in Japan by CHUOKORON SHINSHA, Tokyo

Korean translation copyright © 2023 Hakjisa Publisher, Inc.
Korean translation rights arranged with CHUOKORON SHINSHA, Tokyo
through Korea Copyright Center, Inc., Seoul

All rights reserved.

▌한국어판 서문

이번에 졸저 『大衆敎育社會のゆくえ』가 한국어판으로 출판되었습니다. 번역에 노고를 기울여 주신 오성철 교수께 깊이 감사드리는 동시에 이 책이 한국의 독자들에게 다가갈 수 있게 된 것을 진심으로 기쁘게 생각합니다.

이 책은 1995년에 일본에서 출판되었습니다. 제가 30대의 마지막 해를 맞이할 무렵의 일입니다. 처음으로 출판하는 '신서新書'였습니다. 전문서에 비해 널리 읽힐 수 있다는 것을 의식하며 이 책을 썼습니다. 그 무렵 일본의 학회나 매스컴에서의 논의를 떠올려 보면, 교육이나 사회의 불평등을 문제시하는 것 자체에 일종의 지적인 알레르기가 존재하던 시대였습니다. 이 책을 읽어 보시면 알 수 있듯이, 당시의 주류파 교육학자들이나 또 여전히 강력한 세력으로 존재하던 일본교직원조합이 교육의 불평등을 논하는 것 자체를 '차별적'이라고 의식하고 있었습니다. 수험경쟁의 격렬함이나 그것이 아동에게 초래하는 악영향을 논하는 경우는 '흔히' 있었지만, 그 배후에 아동들의 출신계층 차이가 있다는 것, 그런 차이를 정면으로 논의하는 것이 그때까지의 일본에서는 기피되어 왔다는 것 등을 저는 이 책을 통해 밝히고자 했습니다. 주류파로부터 통렬한 비판을 받지나 않을까 하는 우려도 당연히 있었습니다. 젊은 교육사회학자가 당시 지배적인 교육언설의 시각 자체를 연구 대상으로 삼고 더구나 그것을 비판적으로 분석하려 했던 것이 이 책이었기 때문입니다.

그러나 대대적인 비판을 받을 거라는 것은 실제로는 기우에 불과했습니다. '교육의 불평등이 확대되고 있지 않은가?'라는 말에 사람들이 조금씩 관심을 갖기 시작했기 때문입니다. 그리고 2000년을 맞이할 무렵에는 일본에서 '격차사회格差社會'라는 말이 대두되어 사회문제가 되었습니다. 교육과 사회 간의 관계에 대해서도 마찬가지였습니다. 제 책이 세간의 동향보다 약간은 빨랐던 것인지도 모르겠습니다. 이 책에서 밝히고자 한 교육에서의 불평등 확대와 그것이 사회의 불평등과 밀접하게 결합되어 있다는 것은 현실에서 사실의 추이가 증명해 보여 주고 있기 때문입니다.

이 책은 일본과 미국 및 영국과의 비교를 중심으로 하면서 일본의 특징을 논한 것입니다. 그러나 내 의식의 한 구석에서는 서구와는 다른 일본의 '대중교육사회'가 동일하게 '따라잡기형 근대화'를 추구했던 아시아 국가들과도 어딘가 공통된 면이 있지 않을까 하는 생각이 있었습니다. 특히 한국은 일본에 뒤지지 않게 수험경쟁이 격렬하다는 것, 수험의 결과가 초래한 '학력사회'도 서구와는 다른 양상을 보이고 있다는 것 등은 90년대 후반의 일본에서도 알려져 있었습니다. 뒤늦게 근대화를 시작했고, 그로 인해 교육이 근대화나 산업화를 구동하는 데 중요한 역할을 담당하게 된 비서구권 국가들에서는 교육의 확대와 직업구조의 변화가 거의 동시에 일어난다는 것, 교육에서의 경쟁 결과가 사람들의 장래에 영향을 미치는 과정이 매우 가시적이라는 것, 더구나 발전도상에 있기 때문에 교육에 투여되는 공적인 자원의 결여가 그 수험경쟁의 영향을 더욱 악화시킨다는 것, 서구 국가들과는 다른 경로를 밟아 근대화를 달성한다는 것 등을 이 책에서 밝히고자 했습니다. 완전히 동일한 궤적을 밟았다고는 할 수 없어도, 뒤늦게 근대화(예컨대, 장경섭 교수가 말하는 '압축적 근대화')를 체험하는 사회에 공통된 문제가 드러날 것이라고 생각했던 것입니다.

더구나 그 후에 한국이나 일본을 포함한 아시아 사회는 세계화의 영향을 강하게 받으면서 '격차사회'로 이행하고 있습니다. 사회와 교육에서의 불평등이 보다 눈에 띄기 쉬운 사회로 이행하고 있는 것입니다. 그런 변화를 이해하려면, 그 일보 직전의 상태는 어떠했는지를 아는 것이 매우 중요하며, 또 그 지식은 그러한 인식에 많은 단서를 제공해 줄 것입니다. 격차사회로 이행하기 한걸음 직전의 시대는 어떻게 만들어졌을까. 거기서 사람들은 무엇을 어떻게 문제시하고 또 무엇을 문제 삼지 않았을까. 객관적인 사회 변화를 통계적으로 추적하는 것도 중요하지만, 동시에 그러한 변화를 사람들이 어떻게 인식했는가를 아는 것도 동일한 정도로 중요합니다. 왜냐하면 사람들의 인식 방식에 따라 그 문제가 어떻게 다루어지는가도 달라지기 때문입니다. 그런 점에서도 이 책에서 밝히고자 한 1980년대까지 일본의 대중교육사회의 제 문제는 한국의 독자들에게도 참고가 될 만한 시점을 제공해 줄 것입니다. 저는 그렇게 확신하고 있습니다.

이 책을 통해 한국과 일본에서 교육에서의 불평등과 수험경쟁, 학력사회의 문제에 관심을 갖고 있는 사람들의 지적인 교류가 조금이라도 활성화되기를 저는 강력히 바라고 있습니다. 그 계기의 하나로 이 책의 번역 출판에 도움을 주신 분들께 다시 한번 감사하고 싶습니다.

2023년 1월

가리야 다케히코

6

• 일러두기

1. 일본어 인명과 지명, 연호를 제외하고는 모두 한자 음독으로 표기했다.

2. 한글 표기를 기본으로 하고 필요한 경우 일본어, 한자, 영어 등을 위첨자로 부기했다.

3. 일본어 인명, 지명 한글 표기는 국립국어원 일본어 한글표기법(문교부고시 제 85-11호)에 따랐다.

4. 'わが國' 등의 표현은 특별한 경우를 제외하고는 '일본'으로 바꾸어 번역했다.

5. 본문 안에 나오는 서양인명 및 제도, 기관명 등은 원어 표기를 확인하여 부기했다.

6. 본문에 나오는 일본연호는 그대로 표기하되 필요한 경우에 서기로 환산하여 괄호 안에 부기했다. 서기로 환산하는 법은 메이지明治 연호의 경우 1867년, 다이쇼大正 연호의 경우 1911년, 쇼와昭和 연호의 경우 1925년, 헤이세이平成 연호의 경우 1988년을 각기 더하면 된다.

7. 일본에 특유한 제도나 용어, 인물에 대해 필요한 경우 역자 주를 각주의 형식으로 달았다.

📖 차례 ────────────────────────────

서론

일류 학원에 다니고 일류 중학·고교를 거쳐 일류 대학에 들어가면 일류 기업에 취직해 인생을 행복하게 살 수 있다. 좋은 교육 → 좋은 직업 → 행복한 인생. 전후 일본사회는 이러한 성공담을 사람들에게 깊이 심어 주고 사회 구석구석까지 그 구도를 확산시켜 왔다. 보다 높은 학력을 취득하려는 강력하고도 광범위한 욕구가 교육 경쟁을 부채질했고 교육 기회의 확대를 추구하게 만들었다. 그리고 그런 꿈을 실현시킬 만큼 경제가 풍요로워지면서 교육이 줄곧 확대되어 왔다. 성공을 위한 경쟁이 교육기회를 확대시켰다. 전후 일본 교육은 높은 학력을 위해 경쟁하는 사람들의 욕구가 만들어 낸 것이다.

그런데 다른 한편으로 학력신앙이나 그것이 일으킨 입시경쟁에 대한 비판 역시 뿌리 깊게 존재한다. '학력사회야말로 교육을 왜곡시키는 악의 근원이다. 입시경쟁으로 인해 아이들이 성적에 따라 서열화되고 차별당하며 그 결과 비행과 낙오자, 등교거부 등의 문제가 발생한다.' 학력사회와 입시경쟁에 대한 이런 비판은 일본인들에게는 이미 '상식'이 되어 있다.

그런데 사람들이 갖고 있는 이런 상식 자체가 전후 일본에서 교육과 사회가 형성되는 데 모종의 영향을 미치지 않았을까. 바로 이런 상식 때문에 일본에서 교육과 사회의 관련이 여타 사회와는 다른 특질을 지니게 된 것이 아닐까. 학력사회에 대한 비판이든 성적과 능력에 따른 '차별'을 혐오하는 평등관이든, 교육과 사회를 바라보는 일본인의 상식화된 시각 자체가 실은 전후 일본에만 있는 독특한 것이며—이것이 바로 이 책의 주제다―, 다른 사회에서는 그것이 반드시 '상식'은 아니기 때문이다.

일본인은 사회를 어떻게 바라보는가. 사회에 관한 시각은 실제로 그 안에서 어떤 일이 일어나는가와는 별개로 사회의 존재 방식을 규정한다. 교육의 경우에도 그 안에서 무엇이 문제시되고 논의 대상이 되는가에 따라 실제 교육의 존재 방식이 달라지는 측면이 있다. 어떤 것을 특별히 문제로 삼게 됨으로써 다른 문제가 간과되는 경우도 있다. 이처럼 사람들이 교육과 사회를 바라보는 시각은 그것의 존재 방식에 영향을 미친다.

교육과 사회를 학력사회의 눈으로 바라보는 시각이 확산되면서 일본사회는 어떤 방향으로 변모했을까. 편차치偏差値*를 믿으면서도 오히려 그렇기 때문에 그것이 교육을 왜곡시키는 원흉이라고 혐오한다. 교육에서 경쟁주의나 성적에 따른 서열화를 기피하는 이런 감정이 확대된 결과로 교육은 일본사회에 어떤 영향을 미치게 되었을까. 이 책에서는 이런 질문을 중심으로 하여, 교육과 사회에 관한 '상식'이 전후 일본에서 교육과 사회의 관계를 독특하게 만들어 온 과정을 검증할 것이다.

교육 경쟁과 교육 확대가 만들어 낸 '대중교육사회'의 성립과 그 귀결. 이 책에서는 전후 일본사회의 특질을 '대중교육사회'라는 개념으로 포착한다. 대중교육사회란 대규모로 확대된 교육을 기축으로 하여 형성된 대중화된 사회다. 그 자세한 특징은 다음 제1장에서 다루겠지만, 나는 교육을 기축으로 성립한 대중사회라는 개념을 통해 일본사회를 포착함으로써 전후 일본사회의 특질을 밝힐 수 있고 나아가 현재 일어나고 있는 사

---

* 통계에서 말하는 표준점수와 유사한 방식으로 산정되는 상대화된 점수를 의미하는데, 실제로는 민간 회사가 실시하는 학력평가 결과를 보여 주는 점수를 가리킨다. 학생들의 진학지도에 매우 중요한 근거로 활용된다.

회 변화의 의미도 이해할 수 있다고 생각한다. 전후 일본만큼 교육이 사
회 편성에 중요한 역할을 담당한 예는 드물고 또 현재 그 교육의 변화가
일본사회를 새로운 방향으로 이끌고 있다고 보기 때문이다.

1993년, 문부성은 고교 입시에서 민간업자테스트^{業者テスト}*와 편차치의
활용을 갑자기 폐지했다. 그 대신에 개성 존중과 창조성 육성을 꾀하는
교육개혁의 흐름에 따라 입학자 선발에서 다양한 평가기준을 도입하도
록 장려했다. 입시경쟁에 치중한 종래 교육을 비판하며 개성과 창조성
존중을 외치는 교육개혁 방향은 대체로 환영받는 것 같다. 그러나 이러
한 개혁 방향에 과연 함정은 없을까. 교육 세계만 놓고 보면 대체로 지지
를 받는 듯 보이는 교육의 변화 방향은 그것을 사회와 관련지어 새롭게
고찰해 볼 때 과연 문제가 없다고 할 수 있을까.

이 책에서는 교육과 사회를 바라보는 사람들의 시선 변화를 추적하면서
그것이 전후 일본사회의 형성에 어떤 영향을 미쳐 왔는지, 또 일본의 장래
에 어떤 영향을 미치게 될지를 일본과 다른 사회를 비교하는 식으로 접근
할 것이다. 전후 일본의 교육과 사회에 대한 '비교사회학적' 고찰이 이 책
의 주제다. 비교사회학은 우리가 의심 없이 당연하게 받아들이는 전제를
상대화하는 데 효과적인 방법이다. 이 방법을 적용함으로써 지금까지 별
로 주목하지 않았던 교육과 사회의 관련 방식을 밝힐 수 있을 것이다.

대중교육사회의 성립과 역사. 교육과 사회의 뒤얽힌 매듭을 풀어냄으
로써 이제 바야흐로 종언을 맞이하고 있는 '전후사회'가 무엇인지 이해하
고, 그것이 어떤 방향으로 바뀔지 그리고 그것이 어떤 문제를 지니는지를

---

* 일본의 민간 기업에서 만든 학력평가로서 그 결과가 입시 지도 및 대입 선발에 중요한 근
  거가 된다.

고찰하고자 한다. 포스트 전후교육 사회는 어떠한 사회일까. 이 질문에 답하기 위해 조금 우회하더라도 한 번쯤은 전후교육의 사회적 의미를 더듬어 볼 필요가 있다. 이 책은 전후 일본에서 교육과 사회의 독특한 관련이 어떻게 형성되었고 지금 어떻게 변화되고 있는가를 비교사회학의 시각으로 탐색하려는 하나의 시도다.

제1장

대중교육사회, 무엇이 문제인가

장래에 대한 전망

여기 흥미로운 조사 결과가 하나 있다.[1] 미국의 고교생에게 '당신은 대학을 졸업할 만한 충분한 능력이 있다고 생각합니까?'라고 물었을 때 '그렇다'는 답이 80%였다. 한편, 일본의 고교생에게 '당신은 대학에 입학할 만한 충분한 능력이 있다고 생각합니까?'라고 물었을 때 '그렇다'는 답은 겨우 39%였다.

일본의 대학은 입학하기는 어려워도 졸업하기는 쉽다고 한다. 반대로 미국의 대학은 입학하기는 쉽지만 졸업하기가 어렵다는 것이다. 이 말이 옳다면 일본에서는 대학 입학 여부가 대졸 학력취득에 중요한 관건이 되며 미국에서는 실제로 졸업할 수 있는지가 중요하다는 뜻이 된다. 그런 점에서 앞의 두 질문은 동일하게 대졸 학력을 획득할 능력이 있는지를 묻는 질문으로 볼 수 있다. 그리고 그 응답 결과는 다음과 같이 해석할 수 있다. 즉, 대졸 학력을 획득하기 위한 능력 면에서 일본 고교생 쪽이 미국 고교생에 비해 일단은 조심스럽게 판단하고 있다는 것이다.

나아가 동일한 질문에 대해 대학에 진학하지 않고 취업할 예정인 고교생의 응답을 비교해 보자. 미국에서는 취업 예정자 중 52%가 자신은 대학을 졸업할 만한 능력이 있다고 답했다. 반대로 일본 고교생의 경우 대학에 진학하지 않는 사람 중 겨우 19%만이 자신은 대학에 입학할 만한 능력이 있다고 답했다. 바꿔 말하면 일본에서 대학에 진학할 예정이 없는 고교생의 80%가 자신은 대학에 입학할 만한 능력이 없다고 생각하는 것이다. 대학 진학 예정이 없는 고교생만 비교할 경우 일본의 고교생 쪽이 미국보다 대졸 학력 획득에 필요한 능력이 있다고 생각하는 사람이 적은 것이다.

이 조사 결과는 일본의 고교생이 미국의 고교생에 비해 자신의 능력을 감안해 보다 현실적으로 대학 진학을 생각하고 있음을 보여 준다. 일본의 고교생들은 자신의 능력에 비추어 실현이 불확실한 '꿈'은 꾸지 않는 일종의 냉정한 시각을 갖고 있는 셈이다. 이에 비해 미국의 고교생은 실제로는 대학에 진학하지 않는 경우라도 자신은 대학교육을 수료할 만한 능력이 있다고 생각하는 경우가 많다. 자신의 능력을 일본의 고교생 이상으로 낙관한다.

조사 결과를 이렇게 비교할 때 일본의 젊은이들은 자신의 '분수'를 잘 헤아리고 있는 것처럼 보인다. 자신의 '능력'에 대한 판단과 장래에 대한 전망을 연결 지어 생각하는 시각이 미국 이상으로 뚜렷하다. 일본 고교생은 불확실한 꿈은 꾸지 않는다고 볼 수도 있다. 그만큼 대학 입학 여부를 판정하는 능력을 착각하지 않게 매우 명확한 정보가 제공되고 있는지도 모른다. 이 조사 결과에 따르면 일본의 교육 쪽이 미국 이상으로 학생의 능력을 엄격하게 판정하고 있다고 볼 수도 있다.

이런 해석을 지지하는 다른 조사 결과도 살펴보자. 이번에는 일본의 중학생에게 장래 무엇을 할 수 있을지 물었다. 장래 '의사가 될 것이다', '부자가 될 것이다', '행복한 가정생활을 할 것이다' 등의 항목으로 질문을 던졌다. 흥미로운 것은 그 응답이 성적이나 장래의 진학 희망과 어떻게 관련되는가 하는 점이다.

중학생들이 장래의 모습을 어떻게 예측하는지 통계분석을 활용해 조사했다. 결과는 〈표 1-1〉과 같다. 중다회귀 분석방법을 사용한 결과다. 이 방법을 활용하면 대학 진학 의향과 성적 등이 지닌 독자적 영향력을 알 수 있다. 즉, 한쪽의 영향이 없다고 가정할 경우 다른 쪽의 고유한 영향력이 어느 정도인지를 알 수 있다. 여기서는 특히 두 시점을 정해 각 기간의 성적 변화나 대학 진학 의향의 변화가 장래의 모습을 예측하는 데 어떻게 관련되는지 조사했다. 간단히 말해 성적 그리고 대학 진학 의욕 정도가 자신의 장래 모습에 대한 예측에 어떤 영향을 미치는지 조사한 것이다.

〈표 1-1〉 장래상과 성적 · 대학 진학 의욕의 변화(중다회귀분석에 의함)

장래상	성적 변화	대학 진학 의욕 변화
의사, 대학교수, 변호사가 된다	0.165**	0.065
엔지니어가 된다	0.089*	0.096**
대기업에서 일한다	0.147**	0.112**
대기업의 중역이 된다	0.181**	0.042
교사가 된다	0.093**	0.096**
지방공무원이 된다	0.164**	0.103**
예술가, 작가가 된다	0.066	0.078*
장인, 요리사, 목수가 된다	0.072*	0.146**
자기 가게나 공장을 갖는다	0.048	0.105**
헤어디자이너, 패션디자이너가 된다	0.073*	0.080*
행복한 가정생활을 한다	0.134**	0.104**
부자가 된다	0.111**	0.076*

주: 장래상은 '될 수 있다고 생각하는지'를 4단계로 평가한 점수의 1년간 변화다. 수치는 표준화된 회귀계수로서, 수치가 클수록 영향력이 강함을 의미한다. * 5% 수준, ** 1% 수준에서 통계적으로 유의미함을 의미한다. 상세한 것은 Kariya & Rosenbaum (1987) 참조.

분석 결과, 대학 진학 의욕과 중학교 성적이 중학생의 장래에 관한 판단에 중요한 기준이 되고 있음이 드러났다. 먼저, '의사, 대학교수, 변호사가 된다'고 하는 전문직의 경우를 살펴보자. 장래 대학까지 진학하겠다고 생각할수록, 그리고 성적이 높을수록 장래에 의사, 대학교수, 변호사가 될 거라고 생각한다. '대기업에서 일한다'의 경우도 마찬가지다. 당연히 이런 직업을 가지려면 학력이 높아야 한다. 공부를 잘하는 것도 중요할 것이다. 대학에 진학하지 않거나 학교 성적이 좋지 않으면 이러한 직업을 가질 수 없을 거라고 중학생들이 생각하는 것도 무리는 아니다. 현실 사회가 다분히 그러하므로 중학생들이 그렇게 생각하는 것도 납득이 된다.

그러나 주목할 점은 실제로 높은 학력이나 좋은 학교 성적이 그다지 필요 없을 것 같은 종류의 장래 모습을 전망하는 경우다. 그런 경우조차 중학생들은 성적과 관련지어 그 가능성을 점친다. 예를 들어, '장인, 요리사, 목수가 된다', '행복한 가정생활을 한다' 같은 장래 전망에서도 중학생은 성적이나 대학 진학 의욕과 관련지어 생각한다.

먼저, '장인, 요리사, 목수가 된다'라는 장래 전망을 보자. 실력이 중시되는 장인 세계는 학교 성적이나 학력과 별로 관계없는 세계로 지금까지 간주되어 왔다. 학력이 거의 통용되지 않는 세계, 학교 공부를 잘하든 못하든 본인의 실력이 지배하는 세계가 장인 세계일 것이다. 그러나 이 조사 결과에 따르면 중학생은 장래에 장인이나 요리사, 목수가 되는 것 역시 학교 성적이나 장래 진학 의욕과 관련지어 생각하고 있다. 성적이 낮은 학생은 장인이 되기도 어려울 거라고 생각한다. 학력사회와는 별로 관계없는 실력 사회인 장인의 세계에서조차 이처럼 학교 성적이 성공을 점치는 기준으로 간주되고 있다.

장래 '행복한 가정생활을 한다'라는 전망 또한 학력이나 성적과 관련지어 판단되고 있다. 행복한 가정생활이 경제적인 풍요를 기반으로 한다면 분명 학교 성적 여하가 그것과 전혀 무관할 수는 없을 것이다. 그렇기는 해도 장래 행복한 가정을 꾸릴지 여부의 예측까지 중학생들은 학교 성적에 따라 판단한다.

학교가 미래를 결정한다

일본 고교생이 미국 고교생에 비해 보다 '냉정'하게 자신의 능력을 감안해 대학 입학 여부를 판단하는 것은 학교가 판정해 주는 자신, 즉 학업능력을 그만큼 틀림없는 정보로 받아들이고 따라서 그것이 미래를 예측하는 힘을 갖고 있다고 생각하기 때문일 것이다. 그리고 일본 중학생이 그리는 장래 전망의 윤곽 역시 학교가 엄격하게 판정해 준 그들의 성적에 조응하고 있다.

학교에서의 성공이 장래의 성공을 보여 주는 지표로 작용한다. 일본사회에서 '학교지배'의 일면이 여기서 드러난다. 사회에서의 성공 기회가 교육에 위임될 뿐만 아니라 그 범위가 점점 확대된다. 지금까지 제시한 사실은 교육이 사람들의 인생을 결정하는 데 큰 영향력을 갖게 되었다고 하는 현대 일본의 한 특질을 보여 준다. 지금 일본인은 학교라는 장치에 인생의 다양한 결정을 맡기는 사회에 살고 있는 것이다.

그런데 이러한 시대의 출현을 일본인들 스스로가 추구해 온 게 아닐까. 어떤 가정에서 태어나는가보다는 개인의 노력과 능력에 따라 사회에서 성공할 기회가 주어지며, 출신보다는 노력과 능력이 결정하는 사회를 만들기 위해 교육의 중요성을 강조해 왔다. 그리고 누구나 교육을 받을 수 있도록 고교와 대학을 늘려 왔다. 이 책에서 다루는 '대중교육사회'야말로 전후 일본인들이 이상으로 삼아 추구해 왔던 사회가 아닐까.

분명 오늘날에는 동일연령 인구의 95%가 고교에 진학하며 그 절반 이상이 모종의 고등교육을 받는다. 교육기회는 확대되었고 사람들에게 개방되었다. 더구나 대부분의 입학시험은 성적을 기준으로 엄정하게 실시되고 있다. '부정입학'은 물론이고 미국 대학에서 보이는, 졸업생이나 고액 기부자 자녀에게 입학 편의를 제공하는 것 역시 통상 엄격하게 금지되고 있다. 학교에서도 성적 평가가 아동의 출신계층에 따라 노골적으로 차별되지는 않는다. 적어도 제도상으로 교육은 누구에게나 개방되어 있으며 학교 안에서 사람들은 공평하게 다루어진다. 많은 사람을 교육에 끌어들여 공평하게 다루고 그 안에서 능력을 평가한다. 그리고 그렇게 평가된 능력은 장래의 성공으로 이어지는 조건이 된다. 교육을 대중에게 아낌없이 제공하고 더구나 '평등'하게 시행하는 사회를 분명 일본인들은 만들어 낸 것이다.

그렇다면 전후戰後 일본의 이러한 교육상황은 전전戰前과는 어떻게 다를까. 가난하거나 부모가 반대하는 등 학력 이외의 이유로 교육을 받지 못한 사람들이 많았던 시대에는 학력이 없어도 실제로는 사회에서 충분히 통용될 수 있는 능력을 지닌 사람들이 적지 않았다. 마쓰시타 고노스케松下幸之助*나 다나카 가쿠에이田中角榮**처럼 '학교 출신'이 아니어도 사회에서 성공을 거둔 '입지전적 인물'이 분명 적지 않았다. 이런 인물들이 등장할 수 있었던 시대에는 학교 성적만으로 장래를 전망하기는 어려웠을 것이다. 교육을 받지 않아도 사회에서 성공할 수 있는 기회가 열려 있었다. 달리 말하면 능력이 있음에도 불구하고 능력과는 다른 이유로 상급학교에 진학할 수 없었던 사람들이 많았던 시대에는 학교에서의 성공을 통해 장래의 성공을 점칠 수 있는 가능성 역시 그만큼 적었다고 할 수 있다.

---

* 일본의 파나소닉 전자회사의 창업자
** 고등소학교 학력으로 일본 수상의 지위에 오른 입지전적인 정치가

그러나 사회가 풍요로워지고 교육이 확대되자 능력 이외의 이유로 상급학교에 진학할 수 없는 사람들이 줄어들었다. 앞서 보았듯이 대학에 진학하지 않는 사람 대부분은 자신이 대학에 입학할 정도의 능력이 없기 때문이라고 생각한다. 많은 사람에게 교육기회가 주어진 결과, 그 기회를 살릴 수 있는지 여부는 본인의 노력과 능력에 달려 있게 되었다. 학교 성적이 아동의 장래 전망을 그려 내는 힘이 커진 것도 실은 교육이 확대되었기 때문이다. 학교에 참가하는 사람이 늘어날수록 사람들은 학교가 그려 주는 장래 전망을 눈에 보이는 확실한 미래로 받아들이게 된 것이다.

교육에서의 성공이 사회에서의 성공으로 이어진다는 인식은 전전의 일본에도 존재했다. '입신출세'를 노리며 입시 공부에 몰두한 사람들이 상당히 많았다. 다이쇼기大正期에 이미 구제舊制 고등학교*입학난이나 중학교(구제)의 입시교육 가열이 사회문제가 되었다(天野, 1992). 정규 학교교육을 받지 못하고 '고학苦學'이나 '독학獨學'을 할 수밖에 없었던 많은 사람의 기록도 남아 있다(竹內, 1991). 분명 전전 일본사회에도 학력學歷이나 학력學力으로 측정되는 능력을 사회에서의 성공으로 연결시키는 인식은 강하게 존재했다. 그런 의미에서 전전기 일본은 이미 충분히 '학력사회'였으며, 교육에서 업적주의meritocracy도 상당한 정도로 실현되어 있었다. 그리고 전후 일본사회에서 교육기회가 더욱 확대된 결과 보다 많은 사람이 교육을 둘러싼 경쟁, 교육에서의 경쟁에 참가하게 된 것이다.

이렇게 양적으로만 보면 전전부터 존재했던 교육 경쟁이 전후에 더욱

---

* 구제 고등학교는 제국대학의 예과와 같은 성격을 지닌 3년제 교육기관으로서, 구제 고등학교를 졸업하면 제국대학 입학이 자동적으로 보장되었기 때문에 고도의 엘리트 교육기관이었다.

확대되었을 뿐이라고 할 수도 있다. 그러나 전전과 전후의 차이가 과연 이러한 양의 차이에 불과할까. 사회의 구성이나 그 틀 등 본질적인 점에서 양으로만 환원할 수 없는 질적인 변화가 일어난 것은 아닐까.

그러한 질적 변화를 포함해 전후 일본에 출현한 교육과 사회의 새로운 관련에 착목해 보자. 전후교육과 사회의 관계가 고도로 발달한 '대중사회'와 '대중교육'(村上, 1975)의 관련을 기반으로 '대중교육사회'라 부를 수 있는 상태를 만들어 낸 것은 아닐까. 그리고 오늘날의 일본사회와 교육이 지닌 문제의 대부분은 이러한 '대중교육사회'의 완성과 그 동요를 배경으로 해서 나타난 것이 아닐까. 이 책은 이러한 질문에서 시작한다.

대중교육사회란 어떤 사회인가. 그것은 어떻게 만들어지고 발전해 왔는가. 그리고 이제는 어디로 향하고 있는가. 이러한 질문에 답하는 것이 이 책의 주제다. 여기서는 ① 대중적 규모의 교육 확대(대중교육-mass education의 성립)와 그 대중적 기반, ② 업적주의의 대중화 상황, ③ '학력엘리트'의 탄생을 통한 대중사회형 지배 등 세 가지 점에서 대중교육사회가 어떠한 사회인지를 그려 내는 동시에 그 성립의 수수께끼를 풀기 위한 질문을 제시하고자 한다.

대중교육 성립의 기반

첫째, 대중교육사회란 교육이 양적으로 확대되어 많은 사람이 장기간 교육받는 것을 당연히 여기고 또 그것을 바라는 사회라 할 수 있다.

이 특징은 높은 고교 진학률과 대학 진학률을 통해 단적으로 드러난다.

실제로 전후 반세기 동안 교육기회는 급속하게 확대되었다. 1950년에 42.5%였던 고교 진학률은 이미 1974년에 90%에 달했고 이후 거의 94% 남짓한 수준을 유지했다. 이제 고교는 사실상 거의 모두가 다니는 학교가 되었다. 한편, 고교 졸업 이후의 교육도 전후 50년간 놀라울 정도로 확대되었다. 4년제 대학의 경우, 동일연령 집단 중에서 1955년에 7.9%였던 진학률은 1994년에는 30.1%에 달했고 이후로도 상승이 예상된다. 단기대학短期大學*을 포함하면 진학률은 1955년에 10.1%였지만 1994년에는 43.3%에 이르렀다. 여기에 전수학교專修學校**(전문과정)를 포함하면 1994년 시점에서 동일연령 집단의 약 60%가 모종의 고등교육을 받게 되었다. 반대로 중학교 졸업 후에 취업하는 사람은 1955년 42%에서 1994년 1.7%까지 크게 감소하였고, 고졸 취업자도 1955년 47.6%였지만 1994년 27.7%로 줄어든다. 그 결과 중학교 또는 고교 학력만으로 취업하는 사람은 동일연령 집단에서 약 세 사람에 한 사람 꼴에도 미치지 못하게 되었다. 달리 말해 성인이 되기 전에 모종의 교육기관에 재학하는 사람이 거의 60%를 점하게 되었다. 현재 일본의 젊은이 대부분이 '아동' 기간을 학교에서 보내는 패턴이 된 것이다.

그러나 이러한 양적 측면보다 더 중요한 것은 교육에 대한 사람들의 인식이나 그것이 교육과 관련을 맺는 방식이다. 교육에 대한 인식이나 그것과 관련 맺는 방식에서 대중교육사회에는 계층적·인종적 단절 혹은 단층이 눈에 띄지 않는다고 하는 '질적'인 특징이 있다. 대중교육사회란

---

* 고교 이후에 진학하는 2년제 고등교육기관을 가리킨다.
** 전수학교는 고교과정 3년과 전문과정 2년을 겸비한 5년제 교육기관을 가리킨다.

그러한 단층을 문제 삼기 어려운 사회라 할 수 있다. 특정한 사회계층에 속한 사람들만 교육을 추구하는 것이 아니다. 어느 계층에게나 교육이 개방되어 있으며 또한 계층을 불문하고 누구나 교육에 높은 가치를 부여한다는 이미지가 정착한 사회가 대중교육사회다.

영국에서 전형적으로 볼 수 있는 '계급사회'의 특질, 즉 노동자계급은 교육을 가치가 없다고 보고 기피하는, 교육에 관한 인식의 그러한 단층을 대중교육사회에서는 볼 수 없다. '우리와 저 녀석들'이라고 구분하여 생각하는 노동자계급의 자제가 저 녀석들의 세계에 속하는 학교에서 공부를 잘하려 애쓴다면 그것은 친구들에 대한 배반이 된다. 그런 사회에 비하면 전후 일본은 바로 모든 사람이 교육 경쟁을 펼치는 특이한 사회라 할 수 있다.

혹은 미국으로 대표되는 '다민족·다문화사회'처럼 인종·민족 집단에 따라 교육과 관련 맺는 방식이 달라지는 단층도 찾아볼 수 없다. 미국의 학교에서 흑인 아동이 공부를 잘하려 애쓰면 그 아이는 백인들 편에 붙으려 한다고 친구들에게 비난받는다. 이처럼 교육과 관련 맺는 방식이 인종별로 크게 다른 것은 전후의 일본인들이 좀처럼 상상하기 어려운 딴 나라 일일 뿐이다.

더구나 일본에서는 영국이나 미국처럼 계급별·인종별 교육기회의 격차가 사회문제나 교육문제로 크게 부각되어 사람들의 관심을 모으고 교육정책의 중심 주제로 논의된 적이 거의 없다. 그런 의미에서 전후 일본에서는 사회 전체가 교육에 관여하게 된 것처럼 보인다.[2] 이는 교육이 특정 계층이 아닌 대중의 것이 되었다는 것—적어도 그러한 이미지가 확립되었다는 것—을 의미한다. 계층적·민족적 단층이 두드러지지 않고 문제가 되지도 않는다는 의미에서 일본의 교육은 '대중화'의 국면에 이르렀다고 할 수 있다.

그러나 실제로는 여전히 교육기회의 격차가 존재한다. 다음 제2장과 제3장에서 자세히 살펴보겠지만, 부모의 학력이나 직업에 따라 어느 단계의 교육까지 받을 수 있는가가 달라지는 뚜렷한 차이가 존재한다. 그럼에도 이러한 차이가 교육문제의 중심 과제로서 정책 수준의 논의에 반영되는 경우는 거의 없었다. 왜 그럴까. 어째서 교육 불평등이 사회 문제로 간주되지 못했을까. 사회계층 간의 교육기회 격차를 문제 삼지 않는 토양은 어떻게 성립했을까. 대중교육사회 성립의 비밀을 풀기 위한 첫째 수수께끼는 이것이다.

업적주의의 대중화

고도로 발달한 대중교육사회의 둘째 특징은 '업적주의의 대중화 상황'이다. 업적주의란 능력과 노력의 결과인 '업적^{merit}'을 기준으로 보수의 분배나 사회적 지위가 정해지는 틀이다. 그 사람이 '누구인가'가 아니라 '무엇을 할 수 있는가', '무엇을 할 수 있었는가'가 중요한 선발 기준이 된다. 따라서 업적주의란 '업적'을 사회적 선발의 원리로 삼는 사회라 할 수 있다. 예를 들어, 학교 안에서는 학업 성취가 가장 대표적인 업적=메리트이고 이를 기준으로 장래의 진로가 정해지는 경우를 업적주의라 할 수 있다. 기업사회라면 직업적인 업적에 따라 승진이나 승급이 정해지는 방식이다.

업적주의의 대중화 상황이란 업적에 따른 선발이 사회 구석구석까지 침투하여, 업적=메리트를 정의할 때 표준화와 획일화를 통한 '공평'한 절차가 철저히 진행되는 상황이다.

전통사회에서 근대사회로 변화하면서 상급학교 진학이나 취직·승진 등 선발 과정에서 개인의 출생과 신분보다 업적을 중시하게 된 것은 분명하다. 그런 의미에서 업적주의는 선진 사회에서 공통적으로 보이는 사회적 선발 원리라 할 수 있다. 정도는 달라도, 기본적으로 업적주의적 원칙에 따라 선발이 이루어진다는 점에서 일본 역시 미국이나 영국과 같다.

그러나 어느 정도로 업적주의의 가치가 확대되는가는 국가에 따라 다르다. 업적주의를 대중사회 수준으로 철저히 실현했다는 점에서 전후의 일본사회는 특이했던 것이 아닐까. 서구에서 업적주의적 가치는 중간계급middle class 사람들이 공유할 뿐, 노동자계급의 문화는 그렇지 않다. 반면에 전후 일본사회에서 업적주의적 태도와 가치는 대중에게 널리 침투해 있다.

예를 들어, 노동성대신관방정책조사부(勞動省大臣官房政策調査部, 1987)가 행한 조사에 따르면, [그림 1-1], [그림 1-2], [그림 1-3]에 나타나듯 관리직이나 전문직뿐만 아니라 현장 노동자들에게도 근면성에 대한 동조와 함께 승진에서 업적주의를 긍정하는 관점이 널리 퍼져 있다. 이 조사에서는 '남보다 노력해서라도 좋은 직업을 갖고 싶은가?'라는 질문에 모든 직종에서 3분의 2 이상이 '그렇다'고 답했다([그림 1-1] 참조). 또 '승진 등에서 입사 동기에게 뒤지고 싶지 않은가?'라는 질문에 '그렇다'고 답한 비율도 직종을 불문하고 한결같이 높은 비율을 보였다([그림 1-2] 참조). 나아가 입사 동기와의 승진 격차와 관련하여, '입사 동기는 가능한 한 동시에 승진·승격한다'는 의견과 '입사 동기지만 실력 차이에 따라 승진·

승격이 달라진다'는 의견 중 어느 쪽을 찬성하는지 물었을 때 후자의 의
견이 좋다, 혹은 군이 선택하라면 후자의 의견이 좋다는 답이 직종을 불
문하고 3분의 2 이상의 높은 찬성률을 보였다([그림 1-3] 참조). 일본의 기
업사회에서는 근면함이나 승진에 대해 엘리트층과 일반 노동자 사이에
단층이라 할 만한 인식 차이가 존재하지 않는 것이다.

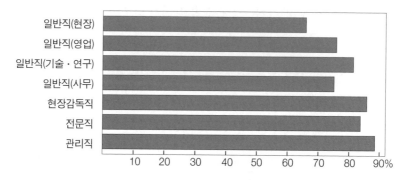

[그림 1-1] 남보다 노력해서라도 좋은 직업을 갖고 싶은가('그렇다'고 응답한 비율)

출처: 勞動省大臣官房政策調査部(1987).

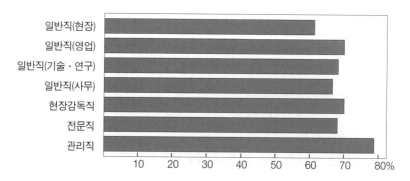

[그림 1-2] 승진 등에서 동기에게 뒤지고 싶지 않은가('그렇다'고 응답한 비율)

출처: 勞動省大臣官房政策調査部(1987).

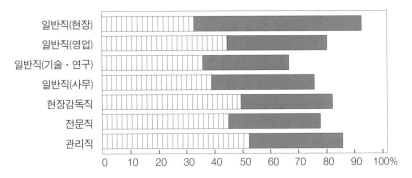

(1) 입사 동기는 가능한 한 동시에 승진 · 승격한다.

(2) 입사 동기지만 실력 차이에 따라 승진 · 승격이 달라진다.

⬜ (2)가 좋다.   ■ 굳이 선택하라면 (2)가 좋다.

[그림 1-3] 입사 동기와의 승진 격차에 대하여

출처: 勞動省大臣官房政策調査部(1987).

업적주의의 이러한 광범위한 확산은 어떻게 가능했을까. 기업사회에서 업적주의 확산의 밑바탕에는 학교에서 업적주의 확산이 작용한다는 것이 내 가설이다. 영국의 사회학자 도어(Ronald Dore, 1986)가 지적했듯이 많은 사람을 끌어들이고, 공평하게 이루어지는 것처럼 보이는 입학시험제도가 업적주의 에토스(ethos, 심정)를 사회 구석구석까지 침투시키는 원동력의 하나라고 할 수 있다.

입학시험이라는 이벤트만이 아니다. 학교는 일상적으로도 학생의 능력과 노력의 성과인 업적을 높이 평가하는 장이다. 이 장의 앞에서 살펴보았듯이 일본 아동은 학교에서 평가되는 업적=학교 성적을 장래의 성공을 점치는 중요한 단서로 간주한다. 이를 통해서도 알 수 있듯이 학교는 업적주의적 에토스를 아동들에게 효과적으로 확산시키는 역할을 담당해 왔다고 볼 수 있다.

이렇게 보면 교육이 대중적 규모로 확대된 것이 업적주의의 대중화 상황을 창출하는 데 중요한 조건이었다고 할 수 있지 않을까. 교육을 중요하게 간주해 추구하는 인식이 사회 구석구석까지 침투하여 대중이 교육에 참가했기 때문에 비로소 업적주의가 대중적으로 확대된 것이라 할 수 있다.

더구나 업적주의가 대중화한 상황은 업적주의가 대중에게까지 확산되었다는 양적 측면만을 의미하는 것이 아니다. 업적에 따른 선발 방식 자체가 '대중화'한다고 하는 '질적'인 측면 역시 중요하다.

예를 들어, 시험으로 대학 입학을 결정하는 경우를 생각해 보자. 시험 성적은 업적=메리트를 나타낸다. 그러나 동일하게 '업적'이라 할지라도 시험문제의 내용이나 해답 방식에 따라 그것이 엘리트주의적 선발이 될지 대중적 선발이 될지가 달라진다. 지배계급의 전통적 문화, 이른바 '고급문화'에 가까운 내용이 시험에 출제되는 경우 측정되는 업적에는 다분히 엘리트문화의 특질이 각인된다. 영국이나 프랑스의 중등교육 수료시험에서 전문성이 높은 논술식이나 구술식 문제가 출제되는 경우가 그렇다(竹內, 1993). 거기서는 중간계급 출신자가 이미 가정에서 익힌 '어법'이나 '어휘'력, 즉 중간계급 문화와의 근친성이 시험의 성패를 결정한다. 그에 비해 특정한 계층문화와는 일정한 거리가 있고 문화적으로 중립성이 높은 내용이 형식적으로도 '객관식 시험'과 같은 방법으로 평가되는 경우, 높은 성적은 어느 계층 출신인가가 아니라 노력 여하에 따라 도달할 수 있는 범위의 목표가 된다.

실제로 제3장에서 보겠지만 현대 일본에서도 시험에서의 성공과 학교 성적은 어느 가정 출신인지에 따라 크게 달라진다. 그럼에도 그러한 출

신계층과 학교에서의 성공 간 관계가 특정 문화와의 근친성 때문에 유리
해진다고 간주되지는 않는다는 점이 대중적 수준에까지 도달한 업적주
의의 특징이다.

나아가 선발 절차에서도 다양한 방법을 활용해 다원적으로 복잡한 선
발을 행하는 경우와 시험의 합산 점수만으로 합격을 결정하는 경우는 선
발의 표준화와 획일화 정도가 다르다. 정답과 오답의 구별이 명료하고,
시험 결과가 1점 단위의 점수로 갈라지며 누구에게나 동일한 기준과 방
법을 적용해 선발하는 방식의 업적주의가 대중화된 상황하에서는 예외
나 특권을 인정하지 않는 표준화된 선발 방법이 선발의 '공평함'을 보증
하는 중요한 요건이 된다. 선발 방법 자체를 누구에게나 동일하게 만들
려는 '평준화'의 압력이 강화되고 선발 절차의 표준화와 획일화가 진행되
는 것이다.

그렇다면 거의 모든 사람을 업적주의적 경쟁에 끌어들이고 특정한 계
층문화와 일정한 거리를 두는 대중화된 업적주의 상황은 어떤 과정을 통
해 성립했을까. 누구나 '공평'한 방법으로 선발될 것을 보증하는 대중화
된 업적주의이기 때문에 선발 결과를 누구나 정당한 것으로 받아들일 수
밖에 없게 된다. 교육을 통해 업적주의의 대중화를 추진함으로써 사회가
행하는 선발의 정당성을 확보하려는 사회는 어떻게 만들어졌을까. 즉,
어떤 사정으로 인해 교육의 대중적 확대가 업적주의의 대중화를 야기하
게 된 것일까. 대중교육사회 성립의 비밀을 푸는 둘째 수수께끼는 여기
에 있다.

'학력엘리트'와 대중사회

———

　대중학력사회의 셋째 특징은 대중화된 업적주의를 통해 선발되는 '엘리트'의 특성과 관련된다. 특정한 사회계층 문화와의 근친성이 그다지 강하지 않은, 대중교육이 실현하는 업적주의를 통해 선발되는 '엘리트'는 '학력엘리트'라 불리는 존재다.

　학교에서의 성공이 그들의 엘리트로서 지위를 보증한다. 물론 어떤 가정에서 태어났는가가 학교에서의 성공과 관련되기는 한다. 그러나 특정한 사회계층이 점유하는 계층문화의 유무가 '학력엘리트'가 되기 위한 조건이라고는 할 수 없다. 그런 의미에서 전후 일본사회에서 학력엘리트는 특정한 학교문화는 공유하고 있어도 특정한 계층문화의 공유를 통해 맺어진 지배적 집단이라고는 하기 어려울 것이다. 문화적으로는 그다지 차이가 없는 '대중' 속에서 학교에서의 성공이라는 표준화된 기준으로 선발된 사람들이 '엘리트'로서의 지위를 차지한다. 그런 의미에서 학력엘리트는 대중의 대표이기는 해도 문화적으로 대중과 확연히 구별되는 '상류' 내지 '중상류' 계급 출신자는 아닌 것이다.

　프랑스의 사회학자 부르디외Pierre Bourdieu의 연구를 참고하여 일본 대학생의 문화적 취향을 조사한 결과에 따르면(宮島, 藤田 外, 1992) 클래식음악 감상이나 전람회 관람 등으로 측정되는 '고급문화'의 기호와 대학생 출신 계층 사이에는 연구자의 예상과는 달리 그다지 명확한 관계가 드러나지 않았다. 오히려 현대 일본의 대학생들은 대부분 가라오케나 주간지 등 '대중적 문화'를 즐긴다. 음악이나 미술, 영화의 경우에도 프랑스의 조사에서는 '대중문화'적 취미로 간주되는 〈사계〉(비발디), 〈E.T.〉(스필버그),

〈만종〉(밀레) 등의 작품을 좋아하는 사람이 출신계층을 불문하고 다수를 점한다(〈표 1-2〉). 일본에서는 고학력자가 고급문화, 정통한 문화를 지닌 자라고 하기 어려운 것이다. 이는 조사를 행한 연구자들이 참고한 프랑스의 경우와 비교해 볼 때 너무도 대조적인 결과다.

〈표 1-2〉 부모의 직업별로 본 문화 기호[수치는 '좋다(흥미 있다)'의 %]

직업	경영 · 전문	중하급관리
최다	사계(71.6) E.T.(59.0) 만종(49.2) 기억의 지속(29.7) **겨울나그네(29.4)** 카드놀이하는 사람들(27.5) 미치광이피에로(15.6) 도쿄이야기(12.5)	**사계(74.9)** **E.T.(64.1)** **만종(54.6)** 기억의 지속(30.6) **카드놀이하는 사람들(30.2)** 겨울나그네(26.7) **도쿄이야기(15.2)** 미치광이피에로(15.0)
최소	**정화된 밤(6.4)**	정화된 밤(4.5)

직업	자영	고용노동자
최다	사계(69.2) E.T.(56.2) 만종(53.8) **기억의 지속(34.6)** 카드놀이하는 사람들(25.4) 겨울나그네(22.3) 도쿄이야기(14.6) 미치광이피에로(10.8)	사계(65.7) E.T.(58.8) 만종(40.2) 기억의 지속(25.5) 겨울나그네(21.6) **미치광이피에로(15.7)** 도쿄이야기(14.7) 카드놀이하는 사람들(13.7)
최소	정화된 밤(4.6)	**정화된 밤(6.4)**

주: 그 작품의 최고치를 짙은 글자로 표시했다. 출처: 宮島, 藤田 外(1992).
역자 주: 사계(안토니오 비발디-음악), E.T.(스티븐 스필버그-영화), 만종(장 밀레-미술), 기억의 지속(살바도르 달리-미술), 카드놀이하는 사람들(폴 세잔-미술), 겨울나그네(프란츠 슈베르트-음악), 도쿄이야기(오즈 야스지로-영화), 미치광이피에로(장 뤽 고다르-영화), 정화된 밤(아놀드 쇤베르크-음악)

교육을 통해 선발된 '학력엘리트'는 대중문화에 물든, 대중 속의 '우등생'에 지나지 않는 것이 아닐까. 아소 마코토(麻生誠, 1991)에 따르면 '엘리트를 엘리트답게 하는 일반적 조건'에는 탁월한 능력, 사회에 대한 봉사정신, 사회 지도자로서의 자각(고귀한 신분에 수반하는 도덕적 의무noblesse oblige) 등 세 가지가 있다. 과연 현대의 대중교육사회가 낳은 학력엘리트들은 능력을 제외하면 봉사정신이나 지도자로서의 도덕적 의무감 등 두 조건을 충분히 갖추고 있을까. '엘리트의식'이 없는 엘리트. 대중교육사회는 계급사회처럼 고급문화를 바탕으로 한 '선량選良'이라는 의미의 엘리트와는 다른 종류의 '엘리트'를 낳은 것이 아닐까. 심지어 원래 의미로서의 '엘리트(선량)'의 존재를 부정하는 것은 아닐까. 그 결과 사회의 대중화를 완성시키며 대중 속에서 선발된 자가 대중을 지배하는 사회를 만들어 낸 것이 아닐까. 업적주의를 통해 대중 속에서 학력엘리트를 선발하고 그들에게 대중의 지배를 맡기는 사회의 출현. 교육과 사회 간의 어떤 관련이 이러한 대중에 의한 대중 지배의 틀을 만들어 냈을까. 대중교육사회의 성립을 묻는 셋째 수수께끼가 여기에 있다.

제기해야 할 문제

지금까지 간단히 묘사했듯이 대중교육사회란 대중사회mass society의 특징과 대중교육mass education을 겸비하면서 거기에 '업적주의의 대중화 상황'이라는 특징을 더한 사회라는 것이 문제의 출발점이다.

이러한 사회가 어떻게 해서 전후 일본에 출현했을까. 전후 일본사회의 어떤 특질이 대중교육사회를 창출했을까. 그리고 대중교육사회는 어떤 문제를 야기하고 혹은 어떤 문제를 은폐해 왔는가. 이 책에서는 이러한 질문에 대해 가능한 한 구체적인 증거를 제시하면서 답하고자 한다. 그러한 작업은 단지 좁은 의미에서 전후 일본의 교육문제를 해명하는 작업에 그치지 않는다. 이들 과제는 교육을 통해 전후 일본사회의 특질을 밝히려는 사회학적 질문으로 이어진다고 생각되기 때문이다.

전후 일본에서 대중교육사회는 어떻게 탄생하고 변화했는가. 교육과 사회의 관련에 주목하면서 일본사회의 형성이라는 수수께끼에 접근해 가고자 한다. 이 책은 교육에 시각을 맞춘 전후 일본사회론의 한 시도다.

그뿐만이 아니다. 전후 일본에 출현한 고도의 대중교육사회는 지금 크게 동요되기 시작했다. 교육과 사회의 대중적 기반에 균열이 생기고 있다. 그리고 그 균열로부터 교육과 사회를 둘러싼 새로운 문제가 발생하고 있다. 그렇다면 대중교육사회 동요의 의미를 고찰하기 위해서라도 대중교육사회를 만들어 낸 메커니즘을 밝힐 필요가 있다.

이 수수께끼 풀기 게임을 해 나가는 데 있어 힌트가 될 보조선을 어떻게 그릴 수 있을까. 이하의 논의에서 단서가 될 만한 출발점을 가설의 형태로 제시해 보자.

이들 문제를 푸는 데 있어 내가 주목하는 것은 전후 일본사회에서 능력주의와 평등주의의 기묘한 결합관계다. 사회가 교육에 높은 가치를 부여하고 교육의 평등을 추구하면 할수록 업적주의의 대중화가 진행된다. 그 결과 대중화된 업적주의를 통해 창출되는 불평등은 사회 문제가 되기보다는 정당한 것으로 간주된다. 교육신앙을 기초로 한 능력주의와 평등주의의 일본적 결합이 대중교육사회를 창출하는 기반이었다. 이 책에서 나는 이 가설을 검증하려 한다.

능력주의와 평등주의의 결합 관계에 '기묘한'이라는 형용을 단 이유가 있다. 이 점을 분명히 하기 위해 '계급적'인 교육사회나 '다민족적'인 교육사회와 대중교육사회의 차이를 여기서 간단히 검토해 보자.

계급사회나 다민족사회라면 평등화의 요구와 능력주의 간의 모순은 보다 뚜렷한 방식으로 드러날 것이다. 노동자계급의 부모나 아동들이 교육을 추구하려 하지 않고 소수집단의 아동들이 교육의 가치를 인정하려고 하지 않는 경우, 즉 계급 간, 민족집단 간에 교육의 가치에 관한 합의가 존재하지 않는 경우에는 교육과 관련 맺는 방식 자체에 이미 불평등이 드러난다. 특정한 계급이나 민족집단 출신 아동들이 학교에서의 성공으로부터 멀어지는 사태가 그만큼 두드러지는 것이다. 따라서 교육의 장에서 나타나는 불평등 상태도 그만큼 사회문제로 부상할 가능성이 크다고 생각된다.

그런 아동들을 배제하면서 학교가 사회적 선발과 배분의 기능을 담당하는 이상, 교육과 사회의 관계를 둘러싼 논쟁에서 불평등이 주제가 되는 것은 당연하다. 설사 학교가 능력주의를 표방하면서 업적주의적 선발을 행하는 기관으로 사회적으로 승인된다 해도 학교에서의 성공·실패와 계급적, 민족적 배경 간의 관계가 노골적으로 드러나는 경우, 학교를 불평등의 재생산장치로 보는 견해가 등장하는 것도 무리가 아닐 것이다. 계급사회나 다민족사회에서는 이처럼 평등주의는 능력주의와 대립하는 것으로 파악되는 경향이 있다.

이후 장에서 상세히 논하겠지만, 이에 비해 전후 일본에서는 학교에서 아동을 동등하고 공평하게 대하는 것이 평등한 교육이라고 간주해 왔다. 출신계급에 따라 교육에 가치를 부여하는 방식이 다르다는 것을 전제로 하여 '결과의 평등'을 요구하는 것이 아니다. 어느 아동도 교육에 관여하는 방식은 동일하다는 광범하게 확산된 교육신앙을 배경으로 하여 아동을 대등하게 다룬다. 계급사회나 다민족·다문화사회에서처럼 불평등을 특정 계급, 특정 민족집단과 밀접하게 관련지어 인식하는 방식과는 달리, 학교에서 모든 아동을 공평하게 대한다는 의미의 평등, 기회를 확대하여 국민 모두에게 교육을 개방한다는 의미의 기회의 평등 추구가 전후 일본 평등주의의 중심이 되었다고 볼 수 있는 것이다.

'어느 아동도 동일하게⋯⋯.'라는 방식으로 나타난 평등주의는 다양성을 없애는 방향으로 사회를 평준화하려 한다. 계급 간의 불평등 시정을 꾀하는 계급사회의 평등주의와는 달리 평준화를 꾀하는 것이 대중사회의 평등주의다. 이처럼 교육에 대한 신앙을 기초로 평등주의와 능력주의가 결합함으로써 대중교육사회가 성립하고 완성된 것이 아닐까.

그렇다면 전후 일본은 실제로 어떤 궤적을 밟아 대중교육사회로서의 특질을 획득하게 되었을까. 그 수수께끼를 풀어 보자.

제2장

사라진 계층문제

빈곤과의 투쟁

———

> 어느 소학교, 중학교 학급을 보더라도 거기에는 반드시 일군의 가난한 아동들이
> 있다. 그리고 그들은 거의 예외 없이 학업성적에서 하위에 속한다고 할 수 있다.

이는 쇼와昭和 32(1957)년에 발행된 학술잡지 『교육사회학연구』에 게재된 미야케 가즈오三宅和夫의 논문에 실린 문장이다. 종전 직후의 위기적인 빈곤 상황에서 벗어나 '이제 더 이상 전후는 아니다'라고 했지만 1957년은 여전히 가난한 시대였다. 물가상승을 감안하여 1989년 수준으로 추산해 보면 이 해의 1인당 국민 총 지출은 211,100엔에 불과했다. 이는 1989년의 3,110,000엔의 약 15분의 1 수준이다. 생활보호, 주택보호, 교육보호 등 보호를 받는 '피보호자' 인구를 인구 천 명당 비율로 보면, 1975년에는 12.1%로까지 감소했지만 1955년에는 여전히 21.6%였다.

1958년에 시작된 총리부의 유명한 '국민생활에 관한 세론조사'에도 '집안의 생활정도는 일반적으로 볼 때 상, 중상, 중중, 중하, 하 중에서 어디에 속한다고 생각합니까?'라는 질문에 '하'라고 답한 사람이 17%였다. '중'류에 속하는 '중상', '중중', '중하'의 합계도 72%에 그쳤다. 이 '중류' 의식은 고도성장기를 거치며 1980년에는 90%를 넘게 되고 '하'의 응답은 반으로 줄어든다.

사회 전체가 가난했던 것만은 아니다. 빈부의 차 역시 현재 이상으로 컸다. 소득의 불평등 정도를 보여 주는 지니계수라는 지표(0에 가까울수록 평등함을 나타낸다)를 비교해 보면 고도성장기의 입구에 해당하는 1963년에는 0.312였으나 1970년 이후는 0.253에서 0.277 사이의 수치를 보인

다. 다소 변동되기는 하나 1970년대 초에 비하면 1970년 이후의 일본은 분명 '평등'한 사회가 된 것이다.

사회 전체가 가난하고 빈부의 차도 컸던 시대에는 앞의 인용문처럼 빈곤은 중요한 교육문제였다. 그리고 빈곤가정 아동들이 학교에서 겪는 '실패' 또한 많은 연구자가 주목하는 주제였다.

빈곤과 교육문제

가정의 빈곤에서 비롯된 교육문제란 어떤 것이었을까. 이를 미야케의 연구를 통해 확인해 보자.

미야케의 연구에서는 우선 세 소학교의 학생들을 보호자 직업에 따라 봉급생활자(공무원과 사무직원), 상용 공원工員 또는 상용 노동자, 일용 노동자 등 세 계층으로 나누었다. 그리고 '사회측정법sociometric test' 및 '게스후테스트guess who test'라 불리는 방법을 사용하여 각 가정 출신 아동들이 학급 내에서 어떤 '지위'를 점하는지 조사했다.

먼저, 미야케는 '사회 시간에 같이 연구할 그룹으로 우리 반 친구 중 누구를 고르고 싶습니까?', '학교에서 노는 시간에 우리 반 친구 중 누구와 함께 놀고 싶습니까?' 등의 질문을 사용한 사회측정법을 실시했다. 이를 통해 학급 내에서 어떤 아이들과 친구가 되고 싶은지를 물은 후 그 응답을 통해 어떤 가정 출신 아동들이 학급 내에서 인기가 많은지를 조사한 것이다. 결과는 〈표 2-1〉과 같았다.

〈표 2-1〉 학급에서의 인기 · 선택받은 수(4학년)

세대	인수	사회과	놀이
Dx	19인	115(6.1)	82(4.3)
Dy	16인	21(1.3)	37(2.3)
Dz	4인	2(0.5)	4(1.0)

주: 괄호 안의 수치는 1인당 평균 선택받은 수.
출처: 三宅(1957).

이 표가 뚜렷하게 보여 주듯이 봉급생활자 세대의 아동들Dx이 선택되
는 수가 가장 많았다. 뒤이어 상용 공원 및 상용 노동자 세대Dy, 그리고
마지막으로 일용 노동자 세대Dz 순이었다. 부모의 직업에 따라 학급 내
에서 다른 학생으로부터 친구 삼고 싶은 아동으로 선택될 가능성이 다른
것이다. 현재는 부모의 직업과 아동의 친구관계 사이에 이렇게 노골적인
관계가 나타난다고 생각되지는 않지만 1950년대 후반이라는 시대에는
이러한 상관관계가 존재했다.

더욱 흥미로운 것은 '게스후테스트' 결과다(〈표 2-2〉, 〈표 2-3〉). 게스후
테스트는 아동들에게, 예를 들어 학급 내에서 선생님에게 가장 많이 칭찬
받는 사람은 누구인가를 묻고 그것을 통해 아동 눈에 비친 교사와 학생
의 관계를 밝히는 방식이다. 미야케는 어떤 가정 출신의 아동이 선생님
과 좋은 관계인지, 선생님과 자주 이야기를 나누는지, 선생님으로부터 칭
찬을 많이 받는지, 그리고 그와는 반대로 선생님과 별로 이야기를 나누지
않는 사람은 누구인지, 선생님으로부터 별로 칭찬받지 못하는 사람은 누
구인지 등의 항목을 사용하여 게스후테스트를 진행했다.

〈표 2-2〉 게스후테스트의 양식

다음 글 속의 철수, 영이 같은 사람이 우리 반에 있다면 그 사람의 이름을 써 주세요. 여러 사람을 써도 좋습니다. (가) 철수(영이)는 선생님과 아주 사이가 좋습니다. 　　　　　　　　　　　　　　　　　　　　　　　(　　　　　) (나) 길수(순이)는 선생님에게 바라는 것이나 묻고 싶은 것이 있으면 선생님께 잘 이야기합니다. 　　　　　　　　　　　　　　　　　　　　　　　(　　　　　) (다) 남수(진이)는 선생님에게 바라는 것이나 묻고 싶은 것이 있어도 별로 선생님께 이야기하지 않습니다. 　　　　　　　　　　　　　　　　　　　　　　　(　　　　　) (라) 병수(송이)는 선생님에게 자주 칭찬을 듣습니다. 　　　　　　　　　　　　　　　　　　　　　　　(　　　　　) (마) 정수(별이)는 선생님에게 별로 칭찬을 듣지 못합니다. 　　　　　　　　　　　　　　　　　　　　　　　(　　　　　)

출처: 三宅(1957).

〈표 2-3〉 게스후테스트 결과(4학년)

세대	+	0	−
Dx	10	4	5
Dy	3	1	12
Dz	0	0	4

주: +는 적극적 평가, −는 소극적 평가의 수.
출처: 三宅(1957).

그 결과 또한 보호자의 직업과 뚜렷한 관계를 보여 주었다. 보호자가 공무원이나 사무직인 아동^{Dx}일수록 다른 학생으로부터 '선생님과 좋은 관계'로 간주된 것이다. 나아가 이렇게 교사와의 긍정적인 관계를 보여 주는 항목에서 다른 학생들로부터 선택된 경우의 수와, 부정적인 항목(예 컨대, '선생님에게 별로 칭찬받지 못한다' 등)으로 선택된 경우의 수 간 차를 계산했다. 그 결과 봉급생활자 아동일수록 부정적 항목보다는 긍정적인 항목에 많이 선택되었음이 드러났다. 1950년대 후반에는 아동들이 보기에 교사와 양호한 관계를 갖는 사람들은 봉급생활자를 보호자로 둔 아동이었던 것이다.

빈곤문제와 학업성적

이 시기에 행해진 빈곤과 교육에 대한 연구를 또 하나 소개해 보자. 쇼와 29(1954)년에 마찬가지로 『교육사회학연구』라는 학술지에 게재된 가고야마 다카시籠山京의 「빈곤가정의 학동 문제」라는 제목의 논문이다. 이 연구는 빈곤과 아동의 신체, 지능, 학력의 관계에 초점을 맞추었다.

지바千葉현에 있는 소학교 아동을 대상으로 조사를 실시하여, PTA* 회비를 납부하지 못한 아동을 '빈곤', 「생활보호법」으로 보조를 받는 아동을 '보호', 그리고 기타를 '일반'으로 분류해 아동을 경제적 상태에 따라 세 유형으로 나눈 후 그것과 신체상황, 지능, 성적의 관계를 조사했다.

가고야마의 관심은 이러한 가계상태의 차이에 따라 아동의 신체상황이나 지능, 나아가 학업성적에 차이는 없는지 그리고 차이가 있다면 왜 그런 차이가 발생하는지를 밝히는 것이었다.

신체상황의 경우 신장, 체중 그리고 양자의 비(체중대비)를 조사했지만 가고야마의 예상과는 달리 차이가 별로 없다는 결과가 나왔다. 가고야마

---

* 이른바 사친회, 즉 Parent-Teacher Association을 가리킨다.

는 영양상태의 차이로 인해 아동의 신체상황에 현저한 차이가 나타날 것으로 예상했지만 결과는 예상을 빗나갔다.

그러나 그 밖의 면에서는 가고야마의 예상대로 결과가 나왔다. 지능의 경우 지능점수를 조사했는데, 지능검사로 측정된 지적 능력이 출신가정에 따라 다르다는 것이 발견되었다.

학적부에 기재된 학업성적의 경우는 출신가정별로 더욱 뚜렷한 차이가 발견되었다. 산수, 국어, 사회, 이과 나아가 도공圖工*에서조차 일반가정 출신 학생의 성적이 가장 높은 패턴이 나타난 것이다.

가고야마는 이렇게 아동의 가정 배경에 따라 성적 차이가 발생하는 원인으로 아동의 결석 상황과 교사·학생 관계에 주목했다.

첫째, 가난한 아동일수록 장기 결석하는 경우가 많았다. 실제로 1950년대 전반은 여전히 아동이 가업이나 가사를 돕는 귀중한 노동력으로 간주되던 시대였다. 따라서 이러한 장기 결석은 '집 보기·아이 돌보기 또는 취로 등 아동의 빈곤과 직접 결부된 이유'에서 비롯된 것으로 해석되었다. 그리고 빈번한 장기 결석 탓에 빈곤가정 아동의 학업성적이 나쁜 것으로 해석되었다.

둘째, 가고야마는 학업성적의 차이를 낳는 또 하나의 원인으로 학생과 교사의 관계에 주목했다. 학적부에 게재된 아동의 '사회적 행동 기록'을 바탕으로 교사가 학생을 어떻게 보고 있는가를 출신가정별로 분석하고 그 결과로부터 가고야마는 다음과 같은 관찰을 이끌어 낸다.

---

* 도공은 도화(圖畵)와 공예(工藝)를 결합한 교과목을 가리킨다. 한국식으로 말하면, 미술과 실과를 합한 교과목이다.

이 기록으로 알 수 있는 것은 교사의 눈에 비친 사회태도·생활태도가 일반, 보호, 빈곤별로 다르다는 점이다. 보호 및 빈곤 집단에서는 '친구 없는 외톨이', '우울한 성격', '난폭', '소극적' 등의 기록이 특히 많다(25쪽).

가고야마는 언급하지 않았지만 이 외에도 생활태도가 성실한지, 학급의 리더 자격이 있는지 등의 평가에서도 출신가정에 따른 현저한 차이가 발견되었다. 그리고 가정에서의 생활경험에서 유래하는 이러한 성격이나 행동 차이가 학교에서 학습에 잘 대응할 수 있는 인성의 여부를 규정하고 이로 인해 성적 차이가 발생한다고 설명되었다.

물론 이는 지금으로부터 40여 년 전의 옛날이야기다. 현재에는 이러한 차이가 희박해졌는지도 모른다. 그러나 여기서 확인하고 싶은 것은 빈곤과 교육의 관계가 1950년대 후반까지는 연구자의 주목을 끌었다는 역사적 사실이다.

빈곤과 계층문제

여기서 1950년대의 빈곤과 교육에 관한 두 연구를 소개했는데 이런 연구 주제는 당시에는 드물지 않았다. 그것은 빈곤이 초래한 교육문제가 결코 '새로운' 것이 아니라고 가고야마가 논문의 앞부분에서 밝히고 있는 점을 보아도 분명하다. 이후 제5장에서 자세히 다루겠지만 이런 종류의 연구는 당시 교육연구자뿐 아니라 일교조^{日敎組}*를 포함한 교사집단에 의

---

* 일본 내 최대의 교원노동조합인 일본교직원조합의 약칭이다.

해서도 많이 이루어졌다.

가난한 가정의 아동이 학교에서 불리한 입장에 처해 있다는 것. 1950년대까지 일본사회에서는 그만큼 사회의 빈곤문제에 사람들이 주목했으며 따라서 빈곤에서 유래하는 학생의 성적 차이나 교사·학생 관계의 차이 또한 중대한 '교육문제'로서 연구나 논의의 주요 주제로 간주되었던 것이다. 그것은 하나의 역사적 사실이었다.

이 점은 당시 일본사회가 교육에서 드러나는 여러 문제를 학생의 사회적 배경과 관련지어 논의하는 것을 어떤 거부감도 없이 받아들였음을 의미한다. 결국 빈곤이라는 것이 그 정도로 충분히 실제적인 문제였으며, 바꿔 말하면 고도경제성장 이전인 1950년대 일본사회에서 빈부차라는 사회의 계층성이 눈에 띄는 방식으로 존재했다는 것이다. 나의 유년 시대를 돌이켜 보더라도 1960년대 전반까지 도쿄의 시타마치下町*에는 여전히 '도야가이ドヤ街'라 불리는 간이여관 거리가 있었다. 그곳에 일가족이 살고 있고, 일용 노동자를 아버지로 둔 반 친구들도 적지 않았다. 불하받은 기차 객차를 주택으로 개조하여 그 좁은 공간에 일가족 5~6인이 사는 친구들도 있었다. 이처럼 빈곤은 눈에 띄는 방식으로 일본사회의 곳곳에 존재했다. 그렇기 때문에 사람들은 실제로 빈곤이 특정 교육문제를 일으키는 원인이라고 생각할 수 있었다. 또 빈부차라는 사회계층 간의 차이를 매개로 사회계층을 교육문제와 연결시켜 바라보는 것 역시 충분히 근거 있는 것으로 받아들여졌다.

---

* 도쿄는 에도(江戸) 시대부터 야마노테(山の手)로 불리는 시내 중심지, 그리고 그를 둘러싼 시타마치로 불리는 저지대로 구성되어 있었다. 시타마치에 거주한 사람들은 사무라이 등 지배계급이기보다는 상인 등 하층계급이었다.

이러한 근거는 이제 과거의 일이 되었다. 고도경제성장기를 거친 오늘날 대다수의 일본인은 빈곤에서 유래하는 교육문제는 별로 존재하지 않는다고 생각하고 있다.

실제로 여기서 소개한 두 논문을 게재한 『교육사회학연구』라는 잡지를 보더라도 1960년대, 1970년대로 접어들수록 빈곤과 교육문제를 관련지어 논하는 연구는 점차 줄어든다. 이 학술지뿐 아니라 다른 미디어에서도 빈곤과 교육의 문제를 다루는 논고는 현저히 줄어들게 된다. 예를 들어, 제5장에서 자세히 다루겠지만, 일교조의 전국교육연구집회에서도 1950년대에는 빈곤과 학력의 관계를 조사한 실태조사가 빈번하게 보고되었지만 1960년대에 접어들면 그러한 보고는 갑자기 줄어든다.

빈곤문제가 현대 일본에서 완전히 자취를 감추었다고 할 수는 없을 것이다. 그러나 그것이 교육문제에서 점하는 비중은 현저히 줄어들었다. 고도경제성장기를 통해 일본사회 전체가 풍요로워짐에 따라 빈곤이나 사회의 계층성에서 유래하는 교육문제는 일부 소수자의 문제에 그친다고 하는 견해가 교육 잡지의 논조뿐 아니라 일반 사람들 사이에서도 다수를 점하게 된 것이다.

미야케의 연구나 가고야마의 연구는 사회계층의 차이에 따라 교실 안에서 친구관계나 교사와의 관계가 뚜렷이 달라지는 사실을 보여 주었다. 그러나 오늘날에는 출신가정의 차이와 교실 안에서 친구관계, 교사·학생관계의 차이를 노골적으로 연결시키려는 견해 자체에 거부감을 느끼는 경향이 있다. 미야케나 가고야마 같은 유형의 연구는 오늘날에는 완전히 모습을 감추었다. 그리고 연구자 수준에서뿐만 아니라 교사나 일반인들 사이에서도 이렇게 아동의 출신사회계층에 따라 교실 안에서 인간

관계나 학생의 행동, 태도가 현저히 달라진다는 단순한 견해는 희박해지고 있다. 경우에 따라서는 이러한 선입견으로 학교나 교육을 보는 것 자체가 아동을 평등하게 대하지 않는 편견이라 하여 비난의 표적이 되기도 한다. 아동의 학교에서의 문제행동을 가정이 가난하기 때문이라고 이해하려는 시각 자체가 아동을 '차별적'으로 대하는 것이라고 보는 것이다.

교육장면에서 가정이 문제가 되는 경우에도 1950년대의 연구에서처럼 부모의 직업이나 소득과의 직접적 관계보다는, 현대에는 아동의 양육방식이나 부모-자식 관계에 주목하는 경우가 많다. 연구 세계에서 일부(그것도 외국 연구로부터 영향을 받은) 논의를 제외하면 40~50년 전에 비해 사회계층과 교육문제를 관련짓는 견해를 실제의 교육장면으로 끌어들이기가 점점 어려워졌다. 성적이나 행동·태도의 특성도 그것을 학생의 출신 가정과 연결시켜 논하려는 논조는 매스미디어에서는 거의 자취를 감추었다.[1] 이전에는 빈곤으로 대표되던 사회계층 문제를 현대의 일본 교육에서는 찾아보기 어렵게 된 것이다. 사회의 계층성과 교육문제의 접점이 반세기 전에 비해 희박해졌다고도 할 수 있다.

영미의 사회계층과 교육문제

그런데 해외로 눈을 돌려 보면, 사회계층과 교육문제는 현재에도 여전히 중요한 연구주제이며, 교육을 둘러싼 논의의 한 중심축을 이루고 있다. 이는 현재의 일본사회와 뚜렷하게 대비되는 점이다. 그런 논의 몇 가지를 소개한다.

미국의 교육사회학자 리스트(R. Rist, 1970)는 미국 유치원에서 교사가 아동을 어떻게 다루는지 관찰했다. 그가 연구를 행한 유치원에서는 아동을 몇 그룹으로 나누어 좌석을 배치하고 다양한 활동을 행한다. 리스트가 주목한 것은 유치원 교사들이 학년 초 며칠 동안 아동의 어떤 측면에 착목하여 어떤 기준으로 그룹을 나누는가 하는 점이었다.

리스트의 관찰에 따르면 그룹으로 나눌 때 교사는 아동의 지적 능력 차이를 기준으로 삼는다. 그렇기는 하지만 지능 테스트 등 객관적인 기준을 활용하는 것은 아니다. 오히려 실제로 그룹을 나눌 때 기준이 되는 것은 처음 며칠 동안 아동의 행동거지나 용모, 복장, 어휘 사용 등이다. 교사의 주관적인 판단으로 결정하는 것이다. 그런데 이러한 교사의 관찰 결과로 그룹이 나뉜 아동들의 가정 배경을 조사해 보니 대단히 편중되어 있음이 확인되었다. 한 그룹에는 생활 보호를 받는 가정의 아동들만 있고 또 한 그룹에는 노동자계급의 아동들, 그리고 셋째 그룹에는 중간계급 아동들만 모여 있었다. 잘 세탁된 깨끗한 복장을 하고 있는지 아니면 더럽고 낡은 옷을 입고 있는지, 불쾌한 냄새를 풍기지는 않는지, 표준어를 사용하는지, 교사가 기대하는 행동을 제대로 하는지 등을 보고 교사는 그룹을 나눈다. 교실에서 아동의 행동거지나 말하는 방식을 통해 교사의 눈에 비친 '지적 능력'은 그들이 어떤 가정 아동인가 하는 사회계층과 연결되어 인식되는 것이다.

영국의 연구를 하나 더 소개해 보자. 영국의 교육사회학자 케디(N. Keddie, 1971)는 영국 종합중등학교에서 교사들이 학생의 능력을 어떻게 보고 있는지, 그리고 학생에 관한 지식에 기초하여 교사들의 교육방식이 어떻게 달라지는지를 관찰했다.

이 연구에 따르면 교사들이 이상적으로 보는 학생상은 중간계급의 가치관과 행동양식에 부합하는 것이었다. 더구나 교사들은 학생들이 교실 안에서 보이는 행동을 그들의 계급적 배경과 연결 지어 이해하고 그것으로 학생들의 능력 차이를 판단한다. 결국 학교에서 공부하려 하지 않고 문제를 일으키는 학생들은 노동자계급 문화의 영향을 받은 학생들이다. 그리고 스트리밍streaming으로 불리는 학력별 학급편성 속에서 교사들은 학생에 관한 지식에 따라 다른 교수 방식을 취하고 있다는 점에 케디는 주목한다. 그 결과 낮은 수준의 학급에 소속된 노동자계급의 아동들은 교사의 낮은 기대와 낮은 수준의 교육 내용에 대응하여 장래의 진로를 정한다는 사실이 밝혀졌다.

이러한 미국 및 영국의 연구와 이 장의 앞에서 소개한 1950년대 일본의 연구 사이에는 교육문제를 인식하는 시각에서 겹치는 부분이 적지 않다. 교실 안에서 교사와 학생의 다양한 상호작용이 일어난다. 그 상호작용을 규정하는 중요한 축의 하나로 학생의 가정 배경에 착목한다. 한편에서는 '빈곤', 다른 한편에서는 '계급' 등 사용하는 개념은 달라도, 학생이 어느 가정 출신인가에 따라 교사가 학생을 보는 시선이 달라지거나 혹은 그로 인해 교사와 학생의 관계 방식이 달라진다는 것이다. 문제를 인식하는 방식 면에서 1950년대의 일본 연구와 이들 외국 연구 사이에 그다지 큰 차이는 없다. 사회계층을 교육문제를 구성하는 중요한 요인으로 포착하고 이에 근거하여 교실 안에서 인간관계나 그 결과로서의 교육성취의 차이(예를 들어, 얼마만큼의 학업성적을 거두는가, 어떤 수준의 능력별 그룹에 속하게 되는가 등)를 추적하려는 것이다. 교육과 사회계층을 관련지어 파악하려는 것이 이들 연구의 공통점이다.

이러한 공통점을 의식할 때 일본의 현대교육을 파악하는 데 있어서 중요한 논점 하나가 떠오르게 된다. 왜 일본에서는 그 후에 사회계층의 시각이 교육문제의 중심에서 급속히 사라지게 되었는가. 이는 제1장에서 언급한 대중교육사회의 성립과 관련되는 중요한 질문이다. 그리고 이 질문에 대한 해답으로서 당장 두 가능성을 생각해 볼 수 있다. 하나는 사회계층에서 유래하는 교육문제 자체가 소멸했다는 견해다. 사회계층과 교육의 문제는 이미 해결되었다고 보는 것이다. 그것이 타당한지는 다음 제3장에서 상세히 검토하기로 한다.

또 하나의 가능성은 문제의 질이 바뀜으로써 문제가 점점 드러나기 어렵게 되었다는 견해다. 미리 말하자면 이 책은 둘째 견해를 취한다. 다만 그렇다고 할 때 다음과 같은 의문들이 여전히 남는다. 사회계층과 교육의 문제가 점점 희미해진fade out 배경에 전후 일본사회의 어떤 특질이 존재하는가. 본디 일본과 미국, 영국 간에는 사회계층을 바라보는 시선, 나아가 사회계층과 교육문제를 관련짓는 시선이 다른 것이 아닐까. 그러한 시각의 차이는 무엇이며 왜 그런 차이가 생겼는가.

이들 문제는 사회계층과 교육의 관계를 인식하는 시각의 문제라 할 수 있다.

서구 계층문제의 배경

사회계층과 교육의 관계를 어떻게 볼 것인가. 이 문제를 고찰하기 위해서는 일단 서구에서의 '계층과 교육' 연구의 기본을 정리할 필요가 있다.

1970년대 이후, 미국, 영국, 프랑스 등에서 사회계층과 교육을 둘러싼 연구가 새로운 방향으로 전개되었다. 그 배경에는 교육이 사회를 평등화하는 수단이라는 기대가 배반당했다고 하는 '실패의 역사'가 있었다.

교육의 기회를 확대함으로써 사회의 평등화를 추진할 수 있다는 기대가 '교육폭발의 시대'로 불리는 1960년대 각국의 교육 확대 정책의 배경에 깔려 있었다. 그러나 교육기회의 확대와 평등화를 추진하는 정책은 실제로는 충분한 효과를 거두지 못했고 교육에 대한 기대는 배반당했다. 왜 교육기회의 확대는 평등한 사회의 실현으로 이어지지 못했을까. 혹은 일본식으로 말한다면, 중학교 수준 이후 진학자 대상 학교와 취업자 대상 학교로 뚜렷이 나뉘는, 복선형으로 불리는 제도를 개혁하여 학교제도의 단선형화와 종합제 고교를 설립하려는 시도는 왜 사회의 평등화에 충분히 기여할 수 없었을까. 교육을 통한 사회의 평등화라는 시도가 실패한 것을 배경으로 서구의 사회학자들은 교육과 사회계층의 문제, 특히 학교 안에서의 교육과 계층문제로 눈을 돌리게 된다.

먼저, 영국에서는 1960~1970년대에 중등학교의 종합화를 지향하는 운동이 전개되었다. 그때까지 영국의 중등교육 체제는 모던 스쿨modern school, 테크니컬 스쿨technical school, 그래머 스쿨grammar school 등 세 갈래의 형태를 취하고 있었다. 이 세 갈래 체제하에서 11세 때 치르는 선발 시험(11+ eleven plus로 불리었다)의 결과로 중간계급의 아동들은 대학 진학에 유리한 그래머 스쿨로, 노동자계급 아동들은 졸업 후에 진학할 기회가 별로 없는 모던 스쿨로 진학하는 등, 계급별로 학교 선택이 달라지는 경향이 강했다. 이 체제를 개혁하여 11세 시점에서의 선발을 폐지하고 세 유형의 중등학교를 종합중등학교로 통합하고 모든 아동이 지역 내의 종합중

등학교에 다니도록 함으로써 계급 간의 교육격차를 시정하려는 제도개
혁이 중등학교의 종합화였던 것이다.

그런데 이러한 제도개혁이 행해진 후에도 여전히 계급 간의 교육격차
는 사라지지 않았다. 학교 간의 격차 대신에 이번에는 학교 안에서 능력
별 학급편성으로 학급을 나눌 때 계급 간의 격차가 나타나게 된 것이다.
스트리밍으로 불리는 학력별 학급편성에서 어떤 가정 출신자가 상위 스
트림에 들어가고, 누가 하위에 들어가는가. 모던 스쿨과 그래머 스쿨로
나뉘었던 계급 간 격차가 이번에는 학교 내부로 들어와서 어느 스트림에
편입되는가로 나타나게 된 것이다. 그리고 스트림으로 나뉜 후에 학생의
출신계층에 관한 교사의 선입견에 의해 어떤 수업이 이루어지게 되었는
지는 앞의 케디 연구가 보여 준 바와 같다.

이러한 사정은 영국에서의 계급 문제에 인종이라는 요인까지 더해져
더욱 복잡한 미국도 마찬가지다. 미국은 영국보다 먼저 종합중등학교를
도입했다. 하이 스쿨은 종합학교로서 지역 내에 거주하는 아동을 모두
입학시킨다. 고교 입학 시에 시험은 없고 어느 고교에 진학하는가는 어
디에 거주하는가에 따라 결정된다. 입시로 인해 만들어지는 학교격차가
존재하지 않는 중등교육체제를 미국은 일찍부터 도입한 것이다.

그러나 미국에서도 고등학교 내부에서는 학력성취 면에서 인종이나 계
급 격차가 여전히 존재했다. 더구나 영국의 경우와 마찬가지로 그러한
격차는 트래킹 시스템tracking system으로 불리는 능력별 학급편성하에서 두드
러졌다. 학력 수준이 높은 트랙에는 중간계급의 백인 아동이 모이고, 낮
은 트랙에는 노동자계급, 인종적으로는 소수집단 학생이 집중되는 경향
이 나타난 것이다. 당연히 미국 연구자들의 관심도 이 문제로 향했다. 트

래킹이 인종 간, 계급 간의 불평등을 강화하는 게 아닐까. 학생을 다른 트
랙으로 나누는 경우 그것을 결정하는 카운슬러나 교사의 인종적, 계급적
편견이 개입하지는 않는가. 교육에 관심을 지닌 많은 사회학자가 엄청난
수의 트래킹 연구를 진행했다. 1970년대 미국에서 교육사회학 연구는 하
이 스쿨의 트래킹과 불평등 문제를 중요한 주제로 했다.

　나아가 하이 스쿨 이전 교육에서도 인종적, 계급적 불평등을 해소하려
는 시도를 도입했다. 1960년대에 들어서서 공민권운동을 배경으로 '빈곤
과의 싸움'을 표방한 존슨 대통령에 의해 흑인 아동들의 학력저하를 메우
기 위한 보상교육제도가 도입되었다. 헤드스타트Head Start라 불리는 이 정
책은 인종이나 계급에 따른 학력격차를 시정하기 위하여 학교입학 이전
에 조기 보상교육을 제공하는 것이 골자였다. 유명한 텔레비전 프로그
램〈세서미 스트리트Sesame Street〉는 이러한 헤드스타트 정책 이념하에서 만
들어진 프로그램이다. 나아가 인종 간의 차별을 철폐하기 위하여 백인이
많은 고교의 학구에 흑인이, 흑인이 많은 학구에 백인이 통학하는 인종
비격리정책의 일환으로 버스통학제도를 도입하기도 했다. 미국 사회는
계급 간, 인종 간 교육성취의 차이를 축소하기 위한 다양한 정책을 도입
한 것이다.

　그러나 미국에서도 교육기회를 확대하고 교육에의 접근 기회를 평등하
게 하려는 다양한 시도는 결국 큰 성공을 거두지 못했다.〈세서미 스트리
트〉도 결국에는 주요 대상이었던 가난한 소수집단 아동보다는 중류가정
아동에게 인기 있는 프로그램이 되어 버렸다.

　교육의 무력함. 그 점을 밝히려 한 연구의 출발점은 1960년대 후반의
콜맨(J. Coleman, 1966)이나 1970년대 초반의 젱크스(C. Jencks, 1972)의 연

구라 할 수 있다.

콜맨은 공민권법에 기초한 '교육기회의 균등 조사'를 실시하여, 학교에서 성공과 실패가 교육에 투여된 자금이나 시설·설비, 교사의 질, 교육과정 등 교육환경을 좌우하는 요인보다는 오히려 학생의 인종이나 계급 등 사회적 배경에 따라 크게 제약당하는 점을 밝혔다.

또 젱크스는 각종 대규모 조사 자료에 정밀한 통계 방법을 동원한 분석을 가하여 교육이 사회의 평등화에 기여하는 영향력이 약하다는 것을 증명했다. 가령, 동일한 연한만큼 모두에게 교육받을 기회를 부여한다 해도 그로 인해 축소되는 사회의 불평등(예를 들어, 소득격차)은 약간에 지나지 않는다는 점을 밝힌 것이다. 더구나 교육에서 성공 자체가 아동의 사회적 배경에 의해 강하게 규정된다. 유전에 의한 영향력을 완전히 무시한다 해도 어떤 가정에서 자랐는가에 따라 지능검사 점수에도 불평등이 생긴다. 따라서 교육기회의 평등화가 시도된다 해도 아동의 능력이 이미 사회적 배경에 의해 강한 영향을 받게 된다. 그렇다면 교육 세계에서 능력주의에 기초하여 기회균등 정책을 취한다 해도 사회의 평등화에 충분한 성과를 거둘 수 없다. 이러한 점을 젱크스는 정밀한 분석을 통해 밝힌 것이다.

교육을 통한 사회의 평등화 달성이라고 하는, 1960년대 교육에 부여된 기대는 충분한 결과를 낳지 못한 채 '실패'로 끝났다. 교육에 충분히 접근할 수 있게 만드는 것은 제도 개혁만으로는 달성될 수 없었던 것이다.

그런데 교육에의 접근을 저해하는 요인을 제거해도 어떤 가정 출신인가에 따라 학교에서 성공과 실패의 기회가 크게 달라지는 원인은 무엇인가. 제도의 장벽을 부순다 해도 여전히 교육성취의 차이로 잔존하는 사회계층의 각인. 이러한 현실을 두고 미국이나 영국의 교육사회학 연구는 능력의 차이를 만들어 내는 사회계층의 문화적 측면이나 실제로 학교에서 교사와 학생의 상호작용을 통해 능력이 어떻게 정의되는지 등 학교의 내부과정으로 눈을 돌리게 된다.

　교육성취에서 나타나는 사회계층의 차이를 어떻게 고찰할 것인가. 그 원인으로 사회학자들은 사회계층과 관련되는 문화의 차이에 따라 학교에 입학하기 이전 단계에서 어떤 차이가 만들어지는지, 나아가 입학 후에 학교 안에서 교사가 학생을 어떻게 대하는지를 주목하기 시작했다. 이전까지의 연구는 사회계층(투입)과 교육의 성과(산출) 간의 관계에 주목하였을 뿐 그 사이의 과정을 블랙박스처럼 방치했다. 이와는 달리 양자를 실제로 관련짓는 틀을 해명하려는 시도가 등장한 것이다. 1970년대 이후 이들 국가에서 교육사회학 연구의 중심 주제 중 하나는 이처럼 가정이나 학교의 내부 과정에 초점을 맞춘 교육과 불평등 문제였다.

계층문화의 각인

　왜 노동자계급이나 인종적 소수집단 아동은 학교에서 좋은 성적을 거둘 수 없을까. 이런 문제를 다룬 서구의 사회학자들이 먼저 주목한 것은 가정이나 지역사회에서 전달되는 문화의 차이였다. 사물을 보는 방식이나 가치관, 태도와 행동거지, 생활스타일, 그리고 언어사용 등 문화의 차이가 학교에서의 성공 및 실패와 관련된다고 보기 시작한 것이다.

　대체로 '문화적 박탈'설로 정리되는 이들 연구에서는 가정 배경에 따라 전달되는 문화의 질이 달라지는 것이 학교에서 발휘되는 능력과 관련된다는 것을 보여 주었다. 풍요롭지 못한 가정의 아동이 학교에서 성공하지 못하는 것은 가정이나 지역사회에서 영향을 받는 문화에 문제가 있기 때문이다. 그러한 문화에 빠져 있는 부분, 혹은 그러한 문화의 특질에 주목하여 풍요롭지 못한 아동들이 문화적으로 가치를 박탈당하고 있다는 시각에 입각해 가정이나 지역사회의 하위문화를 대상으로 연구가 진행되었다.

또 영국에서는 계급에 따라 학생의 학업성취가 달라지는 원인을 해명하기 위해 언어사용 양식에 주목하는 연구가 진행되었다. 중간계급 출신 아동과 노동자계급 출신 아동이 사용하는 언어 '코드code'가 다르다는 것이 문제가 되었다.

코드란 언어사용 방식을 규제하는 일반적인 규칙을 말한다. 영국의 사회학자 번스타인(B. Bernstein, 1971, 1973, 1975)에 따르면 중간계급 아동들은 말로 표현하는 경우에 표현 대상과 자신을 상대화할 수 있고, 종속절과 부사절을 사용한 복잡한 구문을 사용할 수 있으며, 형용사와 부사의 수가 많다. 이러한 언어사용 규칙은 '정밀코드elaborated code'라 불린다.

이에 비해 노동자계급 아동들은 대상과 자신을 동일시하는 경향이 있고, 표현 방법도 단순한 '한정코드restricted code'를 사용한다. 정밀코드란 학교에서 학습할 때 적합한 언어사용 규칙이다. 그에 비해 한정코드는 학교에서 성공하는 데 불리한 언어사용 규칙이다. 번스타인은 이러한 계급별 언어코드 사용의 차이가 학교에서의 능력 차이로 나타난다는 것을 밝혔다.

미국에서도 영국에서도 계층문화의 차이에 주목함으로써 사회계층에 따라 달라지는 아동들의 학교에서의 성공과 실패 원인을 찾으려 했다.

이러한 접근이 가능했던 것은 두 사회에서 공히 사회계층의 문화적 특질이 구별될 수 있으며, 뚜렷하여 인식하기 쉬웠기 때문이다. 사회계층은 빈곤이라는 경제적 범주만이 아니라 문화적 범주로서도 사람들의 관심을 모을 수 있는 리얼리티를 지니고 있었던 것이다.

일본에서도 이처럼 언어사용 면에서 계급과 아동의 교육성취 간 관계를 조사한 연구가 약간은 이루어졌다. 번스타인의 연구에 영향을 받아 이루어진 나카노 유미코(中野由美子, 1974)의 연구다.

그러나 이 연구는 일본 교육에 내재한 문제에 대응하여 아동의 언어사용 문제에 접근했다기보다는 저자 자신이 인정하듯이 영국의 연구를 '염두에 두면서 일본어에서도 계층과 언어 사이에 동일한 관계가 있는지, 혹은 일본어 표현에만 특유한 관계가 있는지'를 검토할 목적으로 이루어진 시험적인 연구였다. 실제로 분석틀도 영국의 연구를 약간 수정하여 응용하는 수준에 그쳤다. 조사 결과, 분명 일본에서도 아동의 출신계층에 따라 언어사용에 약간의 차이가 발견되었다. 그러나 흥미롭게도 가장 뚜렷한 차이는 노동자계급과 중간계급 사이보다는 산간지역의 벽지학교와 도시지역 학교 사이에 존재한다는 점이 드러났다. 사회계층 차이보다는 지역 차이 쪽이 일본에서는 언어사용에서 중요한 차이로 발견된 것이다.

학교 안의 계층문화

교사와 학생이 관계를 맺는 방식은 학생의 출신계층에 따라 달라질까. 학교에서의 성공과 실패 원인의 하나로 교사·학생 관계에 주목할 때 학

생의 가정적 배경 차이가 관건이 될 것이라는 예측에서 사회계층과 교육
성취의 관계를 다루는 사회학 연구가 영국이나 미국에서 축적되었다. 학
교 내부에서 이루어지는 교사와 학생의 상호작용에 주목하는 연구가 출현
한 배경에는 계급과 학력을 둘러싼 이와 같은 문제가 존재했던 것이다.

그런데 교사가 학생의 사회적 배경에 따라 관계 방식을 달리하거나 학
생을 보는 시각과 기대를 달리한다고 하는 사태가 일어나기 위해서는 학
생이 어느 계층 출신인지가 어느 정도 분명하게 드러나야 한다. 언어사
용, 악센트, 복장, 용모 또는 태도와 행동, 동기부여, 나아가 사물을 보는
방식 등 교사가 보기에 학생의 사회계층을 용이하게 유추할 수 있는 단
서가 필요하다. 바꿔 말하면 사회계층이라는 것이 교실 장면에서 눈에
띄는 방식의 표현형phenotype을 지니고 있어야 한다는 뜻이다.

이는 사회계층이 가시적인 문화적 측면을 지니고 있는가 하는 문제다.
출신 사회계층의 영향을 받은 언어사용이나 행동의 특징, 즉 계층문화가
얼마만큼 교실에서 아동의 행동거지나 어법으로 드러나는가. 교사들이
학생과 상호작용하면서 그들의 출신가정을 용이하게 유추할 수 있는 것
도 그만큼 계층문화의 표징이 존재하기 때문이다. 아동의 행동양식이나
의식의 특징을 통해 그들이 어떤 사회계층 출신자인지를 어느 정도로 예
측할 수 있는가 하는 계층문화의 가시성이 여기서 문제가 된다.

사회계층을 부모의 소득수준 등 경제적 범주로만 파악하는 것이 아니
라, 그러한 경제적 범주의 영향을 받으면서도 사람들의 행동이나 생활양
식의 차이로 나타나는 '문화'로 인식한다. 계층문화가 언어나 행동의 특
징으로 드러날 때, 경제적 빈곤과는 별개로 사회계층의 특징이 교실 안에
서 교사와 학생 간의 상호작용에 영향을 미칠 수 있게 된다. 1970년대에

전개된 미국과 영국 혹은 프랑스의 교육사회학 연구에서는 학교의 내부에서 발견되는 이러한 문화로서의 계층이 초점이 되었다.

빈곤과 함께 사라진 일본 교육의 계층문제

그런데 이 장의 앞에서도 언급했듯, 고도경제성장기 이전에는 일본에서도 빈곤가정에 주목하는 방식으로 불평등이 중요한 교육문제 중 하나였다. 어떤 가정 출신인가에 따라 친구관계의 방식, 교사의 눈에 비친 학생 행동과 태도, 출석상황, 나아가 학업성적과 지적 능력 등에 있어 사회계층에 의한 각인이 일어났다. 보호자의 소득수준이나 직업과 같은 경제적 계층이 교실 안에서 학생의 성적과 행동, 인간관계와 중첩되는 부분이 많고 그만큼 아동의 사회적 배경 차이가 눈에 띄는 방식으로 존재했던 것이다. 달리 말해 1950년대 일본의 연구는 가정의 빈곤 상태가 교실 안에서 전개되는 불평등의 존재를 실체로서 보여 주었다고 할 수 있다.

그러나 영미의 연구동향, 나아가 교육정책상의 논의에서 '교육과 불평등', '교육과 사회계층' 문제가 더욱 중시되는 것과는 대조적으로 일본에서는 1970년대 이후 이러한 주제가 교육연구의 중심에서나 교육정책 논쟁의 중심에서 밀려나게 된다. 빈곤문제가 희미해지는 것과 때를 같이하여 사회계층과 교육이라는 주제 자체가 일부의 연구자를 제외하면 정책 논쟁에서도 일반인의 관심에서도 조용히 자취를 감추게 된 것이다.

미국이나 영국의 학교에서는 여전히 사회계층이 교육문제를 구성하는 중요한 요소로 간주되고 있다. 그에 비해 현대 일본의 학교에서는 사회계층이라는 시각 자체가 충분히 수용되고 있지 않은 것으로 보인다. 학교를 둘러싼 사회적 환경의 일부로 사회계층에 주목하는 것이 일본 교육의 세계에서는 뿌리내리지 못하고 있는 것이다. 바꿔 말하면, 일본에서는 교육 논의의 논점이 빈곤문제에서 계층문제로 충실히 이행되지 못했다.

본디 일본에서 사람들이 '계급'이라는 틀로 사회를 바라보고 있는 것인지 의심스럽다. 일본에서는 '계급'이나 '계층'은 수입된 개념일 뿐, 사람들의 실제적인 감각에 호소할 만큼의 근거를 여전히 갖고 있지 못한지도 모르겠다.

영국이나 미국의 대학 사람들과 이야기를 나누다 보면 흔히 '그(그녀)는 노동자계급 출신인데도 ○○대학을 나와 대학교수가 되었다'거나 '그(그녀)의 부친은 블루칼라 노동자였다'는 것이 화제에 오른다. 어느 계층 출신인지가 사람들의 관심 대상이 되는 것이다. 이에 비해 일본에서는 어느 학교를 나왔는지에는 관심을 가져도 부모의 직업이 무엇이었는지, 어느 계급 출신인지에는 그다지 관심을 기울이지 않는다. 이러한 '계급관', '계층관'의 일본적 특질이 교육문제에서 계층적 시각의 쇠퇴와 관련되는지도 모른다. 그러나 이 책에서 주목하고 싶은 것은 이러한 일반적 계급관, 계층관의 차이는 아니다.

빈곤문제가 사라짐에 따라 사회계층이라는 시각이 일본의 교육을 논의할 때 점차 힘을 잃어 가게 된 까닭은 무엇일까. 일본 교육을 논의하는 방식, 교육이라는 사태를 대하는 방식에 그 원인이 있지는 않을까. 미리 말하자면 사회계층에 따른 교육성취의 차이가 교육문제의 중심 주제가 되지 못하고 입시교육이나 학력사회 문제가 교육 논의의 논점을 구성해 온 자체가 중요한 일본적 특질이 아닐까.

이하에서는 먼저 실제 수준에서 교육과 사회계층의 관계를 다룬 연구 성과에서 시작해, 빈곤문제가 희미해지기는 했어도 여전히 일본 교육에서 사회계층 문제가 중요한 주제임을 밝히게 될 것이다. 뒤이어 제4장과 제5장에서 그러한 주제를 은폐시켜 온 전후 일본의 대중교육사회 성립 메커니즘을 밝힌다.

제3장

'계층과 교육' 문제의 저류

의심스러운 중교심 답신의 근거

────

　예전에는 빈곤가정 출신 아동의 학력이나 학급 안의 인간관계가 일본에서 사회계층과 교육문제로서 관심을 모았었다. 그러한 '빈곤과 교육' 문제가 시야에서 사라진 후 오랜만에 매스컴의 교육 논의에서 사회계층을 언급한 예가 있다. 1991년에 발표된 제14차 중앙교육심의회(중교심) 학교제도소위원회의 「중간보고」(정식으로는 「심의경과보고」)와 그것이 일으킨 교육개혁 논의다.

　이 중간보고에서는 소수의 사립 중고일관교中高一貫校*가 도쿄대학 등 '엘리트대학' 입학자의 다수를 점하게 된 것을 교육의 공평원칙 위기로 간주하여 다음과 같은 논의를 전개했다.

　　일본사회의 테크노크라트 형성에 현실적으로 기여해 왔고 앞으로도 기여하게 될 국립 A대학, B대학 입학자의 약 4분의 1 내지 3분의 1이 소수의 고교 출신자인 상태를 방치하면 새로운 특권계층의 형성을 암묵적으로 간과하는 것으로 이어질 수밖에 없을 것이다.

　　지금 6년제 일관교에는 주로 대도시에 거주하고 일정한 수입이 보장되는 가정의 아동들 말고는 접근조차 쉽지 않을 것이다. 능력은 있어도 접근할 수 없는 학교 제도가 장기간 지속적으로 유리한 조건을 유지하는 것은 교육의 기회균등 이념에도 반하는 것이다.

────

* 사립 중등학교 중에는 중학교 3년과 고등학교 3년을 하나로 통합하여, 고교 단계에서 선발을 하지 않고 중학교 학생을 그대로 고교로 입학시켜 가르치는 제도를 취하는 학교가 있는데 이를 중고일관교라 한다. 중고일관교는 소수의 엘리트대학 입학에 유리한 방향으로 교육과정과 학급 편성 등을 재편하는 것으로 알려져 있다. 예컨대, 중학교 3년과 고등학교 3년 등 총 6년간의 교육과정을 5년 동안 마친 후, 마지막 1년은 일부 대학 입시에 대비한 특별 지도를 시키는 경우가 그 예다.

계층과 교육을 둘러싼 문제제기가 이루어지고 있는데 이 논지는 다음 세 가설로 구성되어 있다. 즉, ① 다수의 '테크노크라트'의 배출 모체인 엘리트대학에의 입학을 6년제 일관교 졸업자가 과점하고 있는 상태다. ② 6년제 일관교 입학은 대도시 지역의 부유한 계층에게 유리하게 작동한다. ③ 6년제 일관교 출신자를 엘리트대학으로 불리는 국립 A대학, B대학 입학에서 제한하지 않으면 대도시권의 부유 계층 자제가 세대를 뛰어넘어 사회적 엘리트로서 지위를 재생산하는 '새로운 특권계층의 형성'을 허용하게 된다. 아울러 이 중간보고에서는 구체적 이름은 거론하지 않았지만 신문보도 등을 잘 읽어 보면 국립 A대학, B대학이 각기 도쿄대학과 교토대학을 가리킨다는 것을 알 수 있다.

특정한 사립 6년제 일관교에는 부유한 가정 아동이 다수 입학한다. 그러한 사립학교 출신의 명문대학 입학자 수를 '제한'하지 않으면 대도시 지역 부유한 계층이 특권계층으로 고정화될 수밖에 없다. 왜냐하면 사립 일관교에 입학하기 위해서는 공립고교보다 고액의 수업료를 지불해야 할 뿐만 아니라 소학교 무렵부터 유명한 진학 학원에 보내기 위한 사교육비도 부담할 수 있는 '재력'이 필요하기 때문이다. 이런 식으로 교육에 따른 특권계층의 형성과 존속이라는 주제가 6년제 일관교 출신이 유력 대학에 입학하기 쉽다고 하는 문제와 뒤얽혀 논의된 것이다.

그러나 이 논의가 특히 매스컴의 주목을 모은 것은 사람들이 계층과 교육문제에 관심을 갖기 시작했기 때문이 아니다. 오히려 특정 고교 출신의 특정 대학 입학자 수를 제한한다는 '돌출적' 발상이 놀라웠고 나아가 중교심이라는 말하자면 관료적 교육개혁들을 제안해 왔던 심의회가 의외의 제안을 내놓았다는 점이 사람들의 관심을 모은 것이다. 그렇게 보

는 이유는 최종보고에서 특정 고교 출신의 입학자 수를 제한한다는 제안
이 삭제된 이래, 매스컴에서는 어느 틈엔가 사회계층과 대학입시의 관련
을 둘러싼 논의가 다시 사라졌기 때문이다.

사립교의 과점 상태는 특권계층 창출에 기여하는가

그렇다면 중교심의 보고서가 근거로 삼은 앞의 세 가설은 사실일까. 도
쿄대학 입학자를 사례로 검토해 보자.

〈표 3-1〉은 1960년, 1965년, 1970년, 1975년, 1981년 그리고 1993년
도쿄대학 입학자 중에서 입학자 수가 많은 순서부터 고교별로 베스트
20교를 열거한 것이다. 분명 1980년 이래 베스트교 중에서 상위에 든 학
교들이 크게 달라졌다. 예전에는 공립고교가 상위를 점했다. 1960년,
1965년에는 히비야^{日比谷}, 니시^西, 도야마^{戸山}, 신주쿠^{新宿} 등 도립교^{都立校}가 상
위를 점했다. 1970년에도 여전히 니시, 히비야, 도야마를 비롯한 도립교
나 쇼난^{湘南}, 아사히가오카^{旭丘}, 우라와^{浦和} 등 현립고교^{縣立高校}가 건투했다.
그런데 1975년이 되면 베스트교의 상위권은 사립교 중심이 되고 거기에
국립을 더한 6년제 일관교가 상위권을 점하게 된다. 이 경향은 1980년대
에 더욱 가속화되어 1981년에는 상위 20교에 공립고교는 우라와, 쇼난,
니시, 지바, 도야마만 남고 나머지는 가이세이^{開成}, 나다^灘, 아자부^{麻布}, 무
사시^{武蔵}로 대표되는 사립 중고일관교가 거의 독점한다. 1993년은 사립교
특히 중고일관교의 우세가 결정적이 되었다고 할 수 있다. 분명 중교심
의 중간보고서가 지적했듯이 명문대학 입학자 중에서 사립 6년제 일관교

출신자가 점하는 비중은 눈에 띄게 높다.

베스트 20교 중에서 사립교 출신자 비중을 산출해 보아도 마찬가지 결과가 나온다. 〈표 3-1〉 하단의 숫자가 보여 주듯이 1960년에는 사립교 출신자가 상위 20교 합격자 중에서 점하는 비중이 8%에 지나지 않았다.

〈표 3-1〉 고교별 도쿄대학 합격자 수 추이

순위	1960년		1965년		1970년		1975년		1981년		1993년	
1	日比谷	141	日比谷	181	灘	151	灘	126	灘	139	開成	158
2	戸山	120	西	127	東教大駒場	137	東教大駒場	123	開成	135	ラサール	101
3	西	100	戸山	110	東教大付	103	麻布	106	筑波大駒場	110	灘	94
4	新宿	91	麻布	91	西	100	開成	104	學藝大付	89	學藝大付	91
5	小石川	83	東教大付	87	日比谷	99	學藝大付	95	ラサール	88	麻布	84
6	東教大付	58	新宿	72	開成	86	ラサール	83	麻布	84	桐蔭	73
7	兩國	56	東教大駒場	68	戸山	80	東教大付	76	榮光	75	筑波大駒場	71
8	麻布	48	灘	66	麻布	80	湘南	60	筑波大付	71	巢鴨	52
9	灘	38	小石川	63	湘南	61	武藏	57	武藏	67	海城	46
10	開成	37	開成	55	ラサール	59	浦和	55	浦和	51	駒場東邦	45
11	湘南	36	浦和	52	旭丘	59	戸山	46	湘南	49	桐朋	45
12	小山台	34	湘南	50	武藏	53	榮光	43	西	46	榮光	45
13	旭丘	26	旭丘	49	小石川	50	西	42	愛光	43	洛南	45
14	上野	25	小山台	46	榮光	48	旭丘	42	千葉	40	千葉	42
15	浦和	25	榮光	45	新宿	46	富士	35	桐朋	38	櫻蔭	42
16	東教大駒場	22	兩國	42	浦和	44	長野	34	駒場東邦	35	浦和	41
17	立川	22	上野	40	學藝大付	38	岐阜	34	甲陽學院	35	武藏	41
18	千葉一	22	ラサール	38	廣大付	36	青山	33	戸山	33	筑波大付	40
19	松本深志	20	學藝大付	34	兩國	36	千葉	32	廣島學院	31	久留米大付	39
20	高松	19	廣大付	34	愛光·立川	34	久留米大付	30	久留米大付	31	聖光學院	37
20위 내 사립교 수	3		5		7		7		12		15	
비율	8%		22%		36%		45%		62%		77%	
사립 출신/전 합격자							802/3079		1093/3075		1611/3224	
비율							26%		36%		50%	

주: 자료는 『週刊朝日』 『サンデー毎日』에 의함.
역자 주: 고교의 일본어명은 다음과 같다. 日比谷-히비야, 戸山-도야마, 西-니시, 新宿-신주쿠, 小石川-고이시카와, 東教大付-도쿄교대부속, 兩國-료코쿠, 麻布-아자부, 灘-나다, 開成-가이세이, 湘南-쇼난, 小山台-고야마다이, 旭丘-아사히가오카, 上野-우에노, 浦和-우라와, 東教大駒場-도쿄교대고마바, 立川-다치카와, 千葉一-지바이치, 松本深志-마쓰모토후카시, 高松-다카마쓰, 榮光-에이코, ラサール-라살, 學藝大付-가쿠게이대부속, 廣大付-히로시마대부속, 武藏-무사시, 愛光-아이코, 富士-후지, 長野-나가노, 岐阜-기후, 青山-아오야마, 千葉-지바, 久留米大付-구루메대부속, 筑波大駒場-쓰쿠바대고마바, 筑波大付-쓰쿠바대부속, 桐朋-도호, 駒場東邦-고마바도호, 甲陽學院-고요가쿠인, 廣島學院-히로시마가쿠인, 桐蔭-도인, 巢鴨-스가모, 海城-가이조, 洛南-라쿠난, 櫻蔭-오인, 聖光學院-세이코가쿠인.

그러나 그 이후 22%, 36%, 45%, 62%로 점차 상승했고 1993년에는 77%에 달했다. 또한 1975년과 1981년, 1993년 세 시점의 전체 합격자 중에서 사립고교 출신자가 점하는 수치 및 비율을 산출해 보면 사립 출신자는 전체의 26%에서 36%, 50%로 증대된다. 사립 출신자가 18년 동안 거의 두 배로 늘어난 것이다. 바야흐로 도쿄대생의 절반은 사립교 출신자여서 중교심이 말하는 '과점' 상태라는 표현도 터무니없지는 않다.

그렇다면 이처럼 과거 20년 동안 확대되었고 최근 10년 동안 거의 안정 경향에 접어든 도쿄대학 입학자의 사립고교 우위 현상은 현 제도가 부유한 계층 출신자들에게 더욱 유리하게 작동하게 되었다는 의미일까. 앞의 가설 중에서 ③ 부분을 검토해 보자.

[그림 3-1]은 과거 20년간 도쿄대학 학생 보호자의 직업 구성을 나타낸 것이다. 이 그래프가 보여 주는 것은 의외로 전문·관리직에 해당되

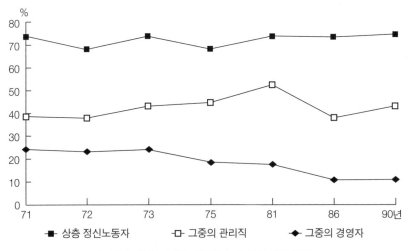

[그림 3-1] 도쿄대학 학생(남자) 보호자의 직업

출처: 「東京大學學生生活實態調査」에 의함.

는 상층 정신노동직non-manual(의사, 변호사, 대학교수 등 전문직과 대기업, 관공서의 관리직 및 중소기업 경영자 등)으로 불리는 계층 출신자의 비율이 이미 1970년대부터 거의 큰 변화 없이 일관되게 높은 수치를 보이고 있다는 점이다. 지난 20년 동안 공립고교 출신으로 도쿄대학에 입학한 사람의 비율은 70%에서 50%로 크게 줄어들었다. 대신에 사립학교 출신자는 30%에서 50%로 대폭 증가되었다. 그러나 어느 고교를 거치더라도 출신계층의 구성비 자체는 그다지 변화되지 않았다. 중교심 보고서가 전제로 삼는 사태와는 달리 도쿄대 입학자는 사립고교 출신자가 과점 상태를 보이기 이전부터 이미 특정한 사회계층 출신자의 과점 상태가 되어 있었던 것이다.

이 사실은 다음과 같은 점을 시사한다. 즉, 도쿄대 입학에 유리한 계층의 아동들은 유명 진학 학원에 다니기 위한 교육비나 사립 중고일관교의 수업료를 부담할 수 있는 '재력' 때문에 유리한 입장에 있는 것이 아니다. 그 이상으로 이 계층과 연결되어 있는 재력 이외의 요인이 도쿄대 입학까지의 기회를 강하게 규정하고 있다는 것이다. 바꿔 말하면 중교심의 중간보고가 상정하는 것처럼 사립 6년제 일관교가 보급됨으로써 도쿄대 입학의 계층적 폐쇄성이 비로소 만들어진 것은 아니라는 말이다. 사립고교가 우세해지기 이전부터 전문·관리직 자녀들은 히비야나 니시 등의 공립고교를 거쳐 여전히 도쿄대학에 많이 입학했다. 사립고교이건 공립고교이건 관계없이 도쿄대 입학기회는 상층 정신노동직에 속하는 계층 출신자에게 크게 개방되어 있었고 더구나 그것은 최근에 출현한 경향이 아니라 이미 20년 이전부터 계속 이어진 사태였던 것이다. 따라서 중교심이 문제를 제기한 '기회균등의 이념에 반하는' 사태는 '일정한 수입이 보장된 가정의 아동 이외에는 접근조차 쉽지 않은' 사립 6년제 학교의 보급으로 인해 일어난 사태라 할 수 없다. '능력이 있어도 접근할 수 없는 학교제도가 장기간에 걸쳐 유리한 조건을 계속 유지함'으로써 '교육에서 기회균등 이념에도 반하는' 사태가 일어난 것은 아니다. '교육에서 기회 균등 이념'에 반하는 사태는 이미 공립학교가 도쿄대 입학자의 다수를 점 하던 무렵부터 변함없이 지속적으로 존재해 왔다. 그런 의미에서 '재력' 에 의한 계층차가 도쿄대학 입학기회를 좁힌다고 하는 중교심의 인식은 불충분하다고 할 수 있다.

도쿄대 이외 고등교육기회의 불균등

지금까지 도쿄대를 '명문대학'의 하나를 대표한다고 보고 그 접근 기회 가 이미 장기간에 걸쳐 불균등한 상태였음을 살펴보았다. 그러나 이러한 사태는 도쿄대라는 한 대학에만 국한되는 현상일까.

이 점을 확인하기 위해 여기서는 정기적으로 전국 규모 일본사회의 계 층구조와 사회이동 추세에 관한 조사를 행한 「SSM 조사(사회계층과 사회 이동 전국조사)」 결과를 살펴보자. 이 조사 자료를 분석한 오지마 후미아 키(尾嶋史章, 1990)는 구 제국대학, 도쿄공대, 히토쓰바시一橋, 고베대, 도 쿄외대, 오사카외대, 와세다早稲田, 게이오慶應 등의 입학자 출생년을 10년 단위로 묶어 부모의 직업을 조사하고 상층 정신노동직 출신자가 점하 는 비중을 산출했다. 그 결과 1926~1935년 출생 인구집단cohort(18세를 대 학 입학 연령으로 보면 1945~1954년 입학 세대)에서도 상층 정신노동직을 부모로 둔 집단의 점유율은 이미 56.2%에 달했고, 1936~1945년 출생

(1955~1964년 입학) 세대에서는 64.6%, 1946~1955년 출생(1965~1974년 입학) 세대, 1956~1965년 출생(1975~1984년 입학) 세대에서는 공히 75%였다(⟨표 3-2⟩ 참조).

⟨표 3-2⟩ 유력대학 입학자 부친의 직업

	유력대학 입학자 부친의 상층 비육체노동 비율	부친세대의 직업구성비 (상층 비육체노동)	배출률
제1코호트 (1926~1935년생)	56.2	15.7	3.580
제2코호트 (1936~1945년생)	64.6	20.4	3.167
제3코호트 (1946~1955년생)	75.0	24.2	3.099
제4코호트 (1956~1965년생)	75.0	–	–

출처: 富永(1979), 直井, 盛山(1990), 尾嶋(1990)에서 추출.

여기서 특히 주목할 것은 전후에 출생한 젊은 세대인 제3코호트 (1946~1955년 출생)와 제4코호트(1956~1965년 출생)의 비교다. 입학 연도로 보면 제3코호트의 대다수는 아직 사립 6년제 일관교가 융성하기 이전인 공립고교 우위 시대에 대학에 입학한 세대라 할 수 있다. 앞의 도쿄대 입학자 분석으로 말한다면 사립 출신자가 4분의 1 혹은 그 이하였던 시대의 대학 입학 세대다. 이 세대와 사립고교가 유력해진 이후 세대를 비교하면 상층 정신노동직을 부모로 둔 비율은 75%로서 전혀 차이가 없다. 결국 도쿄대만이 아니라 그보다 넓은 범위의 '명문대학' 입학기회를 보아도 사립

고교가 유력해지기 이전부터 특정 계층 출신자가 입학자의 4분의 3을 점하는 '과점' 상태가 존재했던 것이다.

그것만이 아니다. 점유율만 보면 이러한 경향은 제1, 제2코호트보다도 제3, 제4코호트가 될수록 강화되는 듯 보인다. 그러나 그 사이에 일본사회 전체의 직업구성도 크게 변화했다는 점에 주목할 필요가 있다. 바꿔 말해 전문·관리직 사람들의 비율도 증대되었으므로 단순히 점유율만 보면 전체 경향을 잘못 파악할 위험성이 있다. 이 점을 고려할 때 실은 상층 정신노동직의 우위는 이미 전후에 바로 대학에 입학할 무렵부터 계속되었다고 할 수 있다. 이를 보여 주기 위해 여기서는 동일하게 SSM 조사에 나타난 각 세대 부모들 연령층에 해당하는 남성의 직업구성비를 사용하여 앞의 표의 의미를 고찰해 보자.

여기서 활용한 것은 선발지수 비교라는 방법이다. 선발지수란 계층별로 본 명문대학 입학자 구성비를 일본 전체의 직업구성 안에서 그 계층이 점하는 비율로 나눈 수치다. 따라서 선발지수는 다음과 같이 계산된다.

계층 A의 선발지수=명문대학 학생 중 계층 A 출신자의 구성비/일본 전체 계층 구조 중 계층 A의 구성비

이 식에서 알 수 있듯이 선발지수가 1.0이면 그것은 그 계층 출신자가 명문대학 학생 중에 점하는 구성비가 전체의 계층구성비와 동일하다는 의미이므로, 따라서 그 계층 출신으로 명문대학에 입학할 기회는 전체 평균과 동일함을 뜻한다. 이에 비해 선발지수가 1을 넘으면 그 계층 출신자는 이들 명문대학에 입학하는 데 평균적인 기회보다도 더 큰 기회를 부

여받는다는 의미다. 그리고 그와는 반대로 선발지수가 1 이하이면 그 계층 출신자가 명문대학에 들어갈 기회는 평균보다도 적다는 뜻이 된다.

 그런데 여기서는 상층 정신노동직 계층 출신자의 선발지수를 다음과 같은 절차로 산출했다. 예컨대, 제1코호트(1926~1935년 출생)의 경우를 통해 설명해 보자. 그들의 부모 연령을 그들 자신이 대학에 입학한 시점(1944~1953년으로 추정)에서 50~59세였다고 가정한다. 그러면 부모 세대 중에서 상층 정신노동직에 속하는 사람들의 비율은 15.7%로 추계할 수 있다. 이 15.7%를 분모로 하고, 분자에 제1코호트에서 상층 정신노동직 출신자가 명문대학 학생 중에서 점하는 비율인 56.2%를 대입하면 선발지수는 3.580(56.2/15.7)이 된다. 이는 어느 계층 출신이라도 균등하게 이들 명문대학에 진학할 기회가 개방되어 있다고 가정하는 경우보다 3.5배 이상 상층 정신노동직 출신자가 유리한 입장에 있음을 의미한다.

 자료가 없는 제4코호트를 제외하고 다른 코호트의 경우에도 동일하게 선발지수를 계산하면 제2코호트에서는 3.17, 제3코호트에서는 3.10이 된다.

 이 결과로도 알 수 있듯이 전문관리직 부모를 둔 상층 정신노동직 출신자는 이미 전후에 바로 대학에 입학한 제1코호트 무렵부터 명문대학 입학에서 상당히 유리한 입장에 있었다. 그보다는 선발지수가 낮아지는, 사립고교 대학 진학자의 우위가 뚜렷해지기 이전인 제2코호트에서도 마찬가지로 상층 정신노동직 계층의 우위는 흔들리지 않았다. '특권계층'의 형성에 기여한다고 간주되는 '명문대학'은 사립 6년제 일관교의 보급과는 무관하게 전후교육이 출발하는 상당히 이른 시기부터 특정한 계층 출신자의 과점 상태였던 것이다. 더구나 그러한 경향은 반세기 동안이나 계속되어 왔으며 선발지수로 보는 한 오히려 사립 중고일관교의 우세가 문제

가 된 1980년대의 대학 진학자 쪽이 약간 수치가 낮아지는 경향조차 보인
다. 어쨌건 중교심의 중간보고가 전제로 한 바, 사립 6년제 일관교의 우세
로 인해 명문대학 입학기회가 특정한 계층에게 더욱 독점되었다고 하는
가설은 이렇게 분석해 볼 때 근거가 희박하다고 할 수밖에 없다.

교육에서 불평등 문제-학업성적 계층차의 전후사

—

 사립 중고일관교의 영향력이 강해지기 이전부터 이미 도쿄대를 비롯한
'명문대학' 진학기회는 특정한 계층 출신자에게 유리하게 주어지고 있었
다. 여기서 검증한 이 사실은 과연 '계층과 교육'이라는 주제에 어떤 문제
를 제기하는가.

 이미 앞 장에서 살펴보았듯이 고도경제성장기 이전에는 계층과 교육을
둘러싼 문제는 빈곤문제로서 일본에서도 사람들의 관심을 모았었다. 그
러나 경제성장기를 통해 일본사회 전체가 풍요로워지고 또 소득배분의 격
차가 축소됨에 따라 빈곤으로 인해 일어나는 교육문제에 대한 사람들의
관심은 점차 희박해져 갔다. 그리고 교육에서 빈곤문제가 점차 희미해짐
에 따라 계층과 교육의 문제도 점차 사람들의 관심 밖으로 멀어져 갔다.

 그런데 이 장에서 살펴보았듯이, 예를 들어 도쿄대나 기타 명문대학 입
학기회라는 점에서는 전후 일관되게 특정 계층 출신자에게 유리한 구조
가 유지되어 왔다. 진학에서 '재력'이 일정 부분을 결정하는 중고일관교
를 경유하건 안 하건 상관없이 이 구조는 거의 변함없이 지속되어 왔던
것이다.

그럼에도 사람들이 대학 입시에 관해 논의할 때 이러한 계층문제는 지금까지 거의 중심 주제가 된 적이 없었다. '입시의 폐해'는 오로지 경쟁이 야기한 영향이라는 한 가지 점에만 수렴되어 논의되어 왔다. 그 배후에서 결과적으로 볼 때 이처럼 특정 계층에 편중된 입학자 선발이 계속적으로 이루어져 왔다는 점은 거의 중요한 주제로 다루어지지 않은 채 오늘에 이른 것이다. 중교심이 선정적인 방식으로 다루었기 때문에 그나마 잠시 동안 일부 사람들의 관심을 모았던 시기를 제외하면 매스컴이나 문부성의 정책 논의에서 명문대학 입학기회의 사회계층차라는 문제는 거의 중요한 주제로 간주되지 못했다. 그러나 실제 수준에서는 여기서 제시하듯이 사람들의 의식과는 별개로 계층과 교육기회 간에 밀접하고 명확한 관계가 유지되어 왔다.

왜 이러한 사실이 유지, 존속되고 있음에도 불구하고 '계층과 교육' 문제에 대한 관심은 확산되지 못했을까. 계층과 교육문제를 배후로 밀어낸 일본사회와 교육의 특질은 무엇인가. 이 문제를 푸는 열쇠는 전후 일본사회에서 탄생한 '대중교육사회'의 성립에 있다. 이 점은 이미 제1장에서 가설로 말한 바 있다.

'대중교육사회'의 성립을 둘러싼 이 책의 수수께끼 풀이는 다음 제4장과 제5장에서 본격적으로 다루어 보자. 그 전에 여기서는 빈곤문제나 재력의 격차와는 별개의 요인에 의해 발생하는 교육성취의 계층차가 어떻게 형성되고 유지되어 왔는지, 전후교육에서 계층차의 역사를 되짚어 보기로 한다.

학업성적의 계층차

앞 장에서 보았듯이 1950년대에는 빈곤가정 아동의 학력문제가 연구자들의 관심을 모았다. 그리고 빈곤이 학력저하를 일으키는 메커니즘으로서, 예를 들어 빈곤가정 아동이 가업을 돕기 위해 학교를 장기간 결석한다거나 '성격이 어둡다', '소극성' 등 가난에서 직접 비롯되는 것으로 간주되는 원인 때문에 학업부진에 빠진다는 견해 등이 제시되었다. 말하자면 '절대적 빈곤'으로 인해 야기되는 학력저하가 문제가 되었던 것이다.

그러나 이런 의미의 빈곤은 일본사회 전체가 풍요로워지면서 크게 축소되었다. 예를 들어, 1975년의 경우를 보면, 물가상승분을 고려하여 1985년의 화폐가치로 환산했을 때 근로자 세대의 연간수입 오분위 중 최하위층 가계에서도 매월 평균 실수입은 21만 3천 엔이었다. 이 액수는 마찬가지로 85년 수준으로 수정할 경우 1965년의 수입계층 오분위 중 제3계층 수입 21만 엔을 약간 상회하는 액수다.[1] 고도성장기의 이 10년만을 놓고 보아도 수입계층에서 최하층의 수입이 10년 전의 중간층 수입과 동일해질 정도로 일본사회 전체에 풍요가 확산된 것이다.

상대적인 '빈곤층'은 어느 시대에나 존재하며 상대적인 '빈곤감'을 느끼는 가정도 없지 않을 것이다. 그러나 절대적 수준으로 본 '빈곤'은 고도성장기 동안 분명히 대폭 감소했다고 할 수 있다.

그렇다면 사회계층에 따른 학업성적의 격차는 사라졌을까. 절대적 수준으로 본 '빈곤'이 축소되면서 어떤 가정에서 태어났는가가 아동의 성적에 영향을 미치는 사태는 사라졌을까.

이 질문에 대한 답은 '아니다'다. 이는 연구자들에게는 이미 '상식'이다.

그리고 지금부터 자세히 밝히겠지만 연구를 통해 반복하여 규명된 사실이기도 하다. 지금까지의 연구에 따르면 경제성장기 이전에도 이후에도 부모의 직업이나 학력으로 대표되는 사회계층상의 지위에 따라 학생의 성적이 달라지는 것은 거의 변함없는 사실로 확인된다.

먼저, 경제성장 이전인 1951년에 요코하마에서 이루어진 소학교 5, 6학년생 대상 학력조사 자료를 분석한 구보 슌이치(久保瞬一, 1956)의 연구를 살펴보자. 이 조사 결과는 〈표 3-3〉, 〈표 3-4〉에 정리되어 있다. 이들 표가 보여 주듯이 산수, 국어 등 교과 성적이나 지능검사 점수에서 보호자의 학력, 나아가 직업에 따라 뚜렷한 차이가 발견되었다.

〈표 3-3〉 보호자의 학력별로 본 아동의 학력

	보호자 학력별	인수	산수		국어		지능검사	
			평균치	표준편차	평균치	표준편차	평균치	표준편차
5학년	소학 졸	324	8.82	5.22	23.05	13.34	43.70	11.30
	고등소학 졸	299	10.46	5.96	26.97	13.85	46.50	10.85
	중학 졸	202	11.50	5.66	31.75	13.79	48.50	9.80
	고등전문 졸	77	14.26	6.22	39.21	15.08	52.25	11.15
	대학 졸	70	16.56	6.36	43.57	15.85	52.45	10.20
	불명	28						
6학년	소학 졸	345	11.04	6.16	29.00	14.92	50.15	11.22
	고등소학 졸	317	13.30	6.36	34.46	15.14	52.40	10.74
	중학 졸	184	16.40	6.21	42.55	14.44	57.50	10.78
	고등전문 졸	69	18.78	6.51	48.30	13.32	58.75	8.50
	대학 졸	63	20.66	6.11	49.70	12.88	59.60	10.59
	불명	22						

출처: 久保(1956).

〈표 3-4〉 보호자의 직업별로 본 아동의 학력

	보호자 직업별	인수	산수		국어		지능검사	
			평균치	표준편차	평균치	표준편차	평균치	표준편차
5학년	농부, 어부	64	9.28	5.58	22.15	14.65	44.40	10.80
	육체노동자, 제조공	421	9.50	5.76	25.16	13.79	45.20	11.15
	상업종업원	168	10.46	5.94	28.34	14.96	45.75	11.65
	공무·사무·상업 경영	118	13.60	6.18	34.63	15.27	51.70	11.20
	기술자, 자유업	67	13.30	6.28	35.65	17.23	49.75	10.90
	공업 경영자, 동 간부	89	14.10	5.92	37.84	13.88	50.65	9.85
	불명	73						
6학년	농부, 어부	86	10.18	6.34	26.55	13.93	48.05	9.94
	육체노동자, 제조공	452	12.85	6.44	33.19	15.69	52.23	11.16
	상업종업원	135	13.02	6.27	34.11	15.09	52.20	10.90
	공무·사무·상업 경영	120	16.32	6.78	43.08	14.99	56.50	10.89
	기술자, 자유업	62	18.34	6.68	46.04	15.23	59.59	10.11
	공업 경영자, 동 간부	91	17.51	6.71	44.64	14.21	57.60	10.50
	불명	54						

출처: 久保(1956).

구보는 특히 보호자의 최종학력과 학업능력 간에 '매우 강한 관련'을 발견했다. 또 직업의 경우에도 기술자, 의사, 교육자 자녀들, 즉 그의 표현을 빌리면 '지식계급의 자제'일수록 높은 득점을 거두었다.

시간이 흘러 고도경제성장이 시작될 무렵인 1958년에 중학교 3학년생의 보호자 1,707명을 대상으로 행한 조사를 분석한 모리구치 겐지(森口兼二, 1960)는 부모의 학력, 직업, 수입과 아동의 성적 간의 관계를 〈표 3-5〉, 〈표 3-6〉, 〈표 3-7〉처럼 정리했다.

이들 표를 보면 부모의 학력이 높을수록 그리고 부모가 자유업, 관리직, 봉급생활자일수록, 나아가 수입이 많을수록 아동의 학업성적이 좋아지는 결과가 나타났다. 더구나 모리구치가 정리했듯이 수입계층 간의 성적 차이보다도 부모의 직업 간 차이 쪽이 크다. 가장 가난한 계층과 가장 풍족한 계층 간의 성적 차이보다도 부모가 자유업인 경우와 농업노동자인 경우의 차이 쪽이 컸던 것이다. 이러한 직업 간 성적 차이는 모리구치도 지적했듯이 장학금 정책 등 재정 원조 정책의 한계를 보여 주는 것이었다.

〈표 3-5〉 부모의 학력과 아동의 성적

학력	성적	1 실수(%)	2 실수(%)	3 실수(%)	4 실수(%)	5 실수(%)	계 실수(%)
부친의 학력	소학교 졸	16(9)	40(23)	69(40)	29(17)	19(11)	173(100)
	고등소학 졸	67(12)	149(26)	223(40)	79(14)	45(8)	563(100)
	중학교 졸	74(20)	102(27)	114(30)	71(19)	13(3)	374(100)
	전문 이상 졸	54(35)	49(31)	29(19)	19(12)	5(3)	156(100)
	계	211(17)	340(27)	435(34)	198(16)	82(6)	1266(100)
모친의 학력	소학교 졸	18(8)	40(18)	91(42)	39(18)	31(14)	219(100)
	고등소학 졸	65(12)	141(27)	205(39)	83(16)	37(7)	531(100)
	여학교 졸	108(27)	123(30)	120(30)	46(11)	10(2)	407(100)
	전문 이상 졸	21(41)	15(29)	11(22)	2(4)	2(4)	51(100)
	계	212(18)	319(26)	427(35)	170(14)	80(7)	1208(100)

주: 성적과 학력이 불명인 경우는 생략하고 표를 만들었다.
출처: 森口(1960).

〈표 3-6〉 부모의 직업과 아동의 성적

직업	성적	1 실수(%)	2 실수(%)	3 실수(%)	4 실수(%)	5 실수(%)	계 실수(%)
농업		22(9)	63(25)	101(39)	41(16)	28(11)	255(100)
소기업주		63(16)	114(28)	144(35)	63(16)	19(5)	403(100)
봉급생활자		99(23)	127(29)	144(33)	41(9)	24(6)	435(100)
관리적 직업		9(29)	10(32)	5(16)	4(13)	3(10)	31(100)
노동자		17(12)	29(21)	56(40)	26(19)	11(8)	139(100)
자유직업		20(46)	9(20)	11(25)	3(7)	1(2)	44(100)

주: 성적과 학력이 불명인 경우는 생략하고 표를 만들었다.
출처: 森口(1960).

〈표 3-7〉 가정의 수입과 아동의 성적

수입 \ 성적	1 실수(%)	2 실수(%)	3 실수(%)	4 실수(%)	5 실수(%)	계 실수(%)
~10만 엔	7(6)	20(17)	41(35)	27(23)	21(19)	116(100)
10~20만 엔	32(10)	74(23)	132(42)	46(15)	32(10)	316(100)
20~30만 엔	54(17)	87(27)	109(34)	50(16)	18(6)	318(100)
30~50만 엔	85(21)	118(29)	146(35)	47(11)	18(4)	414(100)
50만 엔~	61(26)	76(33)	64(27)	26(11)	6(3)	233(100)

주: 성적과 학력이 불명인 경우는 생략하고 표를 만들었다.
출처: 森口(1960).

그렇다면 고도경제성장기를 거치면서 계층과 학업성적의 관계는 어떻게 변했을까. 고도성장이 한창 진행 중이던 1968년에 문부성이 행한 조사에는 계층과 성적의 관계를 묻는 질문이 포함되어 있었다(〈표 3-8〉, 〈표 3-9〉). 이들 표가 보여 주듯이 가정의 소득수준, 부모의 학력 등의 요인은 아동의 성적과 강한 상관이 있다. 가정 소득이 높을수록 또 부친의 학력이 높을수록 아동의 성적은 좋아진다. 문부성이 행한 전국조사 자료 또한 1960년대 말에 계층과 아동 성적 간 명확한 관계가 있음을 보여 주었다.

〈표 3-8〉 가정의 소득수준과 중학생의 성적

성적 \ 소득수준	50만 엔 미만	50만 엔 ~100만 엔	100만 엔 ~150만 엔	150만 엔 이상	합계
1~2	16.1%	8.5%	4.8%	3.5%	8.5%
2~3	35.4%	27.1%	20.1%	18.5%	26.0%
3~4	33.1%	40.1%	41.8%	41.7%	39.2%
4~5	15.5%	24.3%	33.3%	36.3%	26.2%
합계	100.0% (19.8%)	100.0% (44.4%)	100.0% (22.2%)	100.0% (13.5%)	100.0% (100.0%)

출처: 文部省「中學校卒業者의 進路狀況」(1968)에서 재계산. 潮木 外(1978).

⟨표 3-9⟩ 부친의 학력과 성적(중학 3학년 시점, 수학)

성적＼학력	의무교육 졸업		중등교육 졸업		고등교육 졸업		합계
1	7.2	\}31.0	2.6	\}15.1	0.3	\}6.9	5.5%
2	23.8		12.5		6.6		19.3%
3	37.6		35.8		29.4		36.3%
4	24.0	\}31.4	35.8	\}49.2	35.9	\}63.7	27.9%
5	7.4		13.4		27.8		10.8%
합계	100.0(57.8)		100.0(26.5)		100.0(9.3)		100.0(6.5 기타)

출처: 文部省「中學校卒業者の進路狀況」(1968)에서 재계산. 潮木 外(1978).

　문부성 조사에서 약 10년 후인 1977년에는 우시오키 모리카즈 등(潮木守一, 1978)이 주쿄中京지구 S시의 중학교 2학년을 대상으로 조사를 행하여 부모의 직업, 학력, 수입과 아동의 성적 간의 관련을 조사했다(⟨표 3-10⟩, ⟨표 3-11⟩, ⟨표 3-12⟩). 이 조사에서도 종전의 조사와 마찬가지로 학력이 높고 수입이 많으며 전문관리직에 종사하는 부모를 둔 아동일수록 성적이 좋다는 결과를 확인할 수 있다.

⟨표 3-10⟩ 부모의 직업과 중학생의 성적(단위: %)

부 직업＼성적	1	2	3	4	5	계(N)
농림업 자영	10.9	13.6	47.3	24.5	3.6	100.0(110)
사무직	3.7	21.1	41.0	26.1	8.1	100.0(161)
노무직	10.4	19.4	53.7	11.2	5.2	100.0(134)
전문직	2.7	13.5	27.0	21.6	35.1	100.0(37)
기술직	2.7	24.3	29.7	32.4	10.8	100.0(37)
소기업 경영	2.3	15.1	36.0	37.2	9.3	100.0(86)
대기업 경영·관리직	3.3	5.0	28.3	41.7	21.7	100.0(60)
무직	9.2	27.6	35.7	23.5	4.1	100.0(98)
계	6.5	18.3	40.7	25.4	9.1	100.0(723)

출처: 潮木 外(1978).

〈표 3-11〉 **부모의 학력과 중학생의 성적**(단위: %)

성적 부 학력	1	2	3	4	5	계(N)
의무교육 졸	9.1 ⎯ 24.5 33.6		42.5	20.6 ⎯ 3.2 23.8		100.0(339)
고교 졸	4.6	11.6	44.4	28.2	11.1	100.0(216)
단기대학 졸	6.5	22.6	37.1	24.2	9.7	100.0(62)
대학 졸	1.9 ⎯ 9.4 11.3		29.2	35.8 ⎯ 23.6 59.4		100.0(106)
계	6.5	18.3	40.7	25.4	9.1	100.0(723)
성적 모 학력	1	2	3	4	5	계(N)
의무교육 졸	9.3 ⎯ 22.1 31.4		44.1	19.9 ⎯ 4.5 24.4		100.0(376)
고교 졸	3.7	14.3	36.6	32.6	12.8	100.0(273)
단기대학 졸	1.8	14.3	46.4	19.6	17.9	100.0(56)
대학 졸	5.6 ⎯ 11.1 16.7		11.1	50.0 ⎯ 22.2 72.2		100.0(18)
계	6.5	18.3	40.7	25.4	9.1	100.0(723)

출처: 潮木 外(1978).

〈표 3-12〉 **가정의 경제수준과 중학생의 성적**(단위: %)

성적 경제수준	1	2	3	4	5	계(N)
상	5.2 ⎯ 11.4 16.6		41.5	32.4 ⎯ 9.5 41.9		100.0(306)
중	6.1 ⎯ 23.3 29.4		37.6	22.9 ⎯ 10.0 32.9		100.0(279)
하	10.1 ⎯ 23.2 33.3		44.9	15.2 ⎯ 6.5 21.7		100.0(138)
계	6.5	18.3	40.7	25.4	9.1	100.0(723)

출처: 潮木 外(1978).

마지막으로 가장 나중에 행해진 조사 결과를 보자. 도쿄도립대학 연구팀이 1990년에 도쿄 근교 A시의 소학교 5학년생, 중학교 2학년생으로 대상으로 실시한 조사다(東京都立大學敎育學硏究室「現代と敎育實踐」硏究グループ, 1992). 이 조사에서도 [그림 3-2], [그림 3-3], [그림 3-4]가 보여 주듯이 부모의 직업, 수입, 학력에 따라 아동의 학업성적에 명료한 차이가

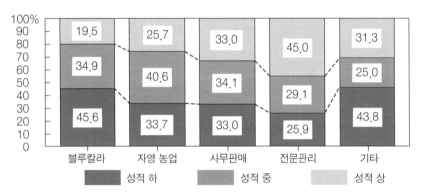

[그림 3-2] 성적과 부친의 직업(중학 2학년)

출처: 東京都立大學(1992).

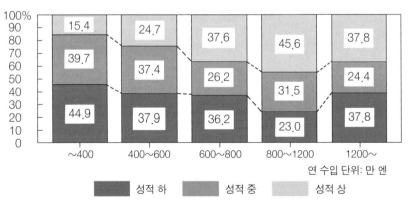

[그림 3-3] 성적과 수입(중학 2학년)

출처: 東京都立大學(1992).

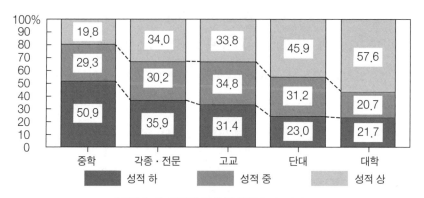

[그림 3-4] 성적과 모친의 학력(중학 2학년)

출처: 東京都立大學(1992).

발견되었다.

1950년대 초를 시작으로 거의 10년 간격으로 사회계층과 학업성적의 관계를 보여 주는 다양한 조사 결과를 살펴보았다. 조사 대상 아동의 학년이나 주거지역, 사회계층이나 성적의 조사 방식의 차이 등 조사 방법은 각기 다르지만 어느 조사에서나 동일하게 부모의 학력이나 직업에 따라 아동 성적에 차이가 드러났다. 조사 대상과 방법이 달랐기 때문에 단순하게 비교할 수는 없지만 여기서는 하나의 시도로 지금까지 소개한 연구와 이제 소개하게 될 연구를 더하여 전후 계층과 성적의 관계가 어떻게 변화되었는지를 살펴보자.

〈표 3-13〉은 계층과 성적의 강한 관계를 크래머의 V계수Cramer's V(관계가 가장 큰 경우는 1, 전혀 관계가 없는 경우는 0이 된다)라는 통계 지표를 사용하여 제시한 것이다. 이 표는 재분석이 가능한 모리구치의 연구에서부터 도립대학 연구까지 약 30년에 걸쳐 계층을 나타내는 지표로 보호자의 학력을 설정하고 그것과 아동 성적 간의 관계가 어떻게 변화되었는지를 보여 준다.

〈표 3-13〉 학업성적과 부모의 학력(상관계수의 추이)

조사연도	크래머V계수	조사대상자	조사지	성적지표의 특징	학력지표의 특징	데이터 출전
1958	0.182	중3(부형)	교토, 후쿠시마, 히로시마, 효고	부모 5단계평가	부친 학력3단계	森口(1960)
1958	0.189	중3(부형)	교토, 후쿠시마, 히로시마, 효고	부모 5단계평가	모친 학력3단계	森口(1960)
1968	0.216	중3(본인)	전국	수학 성적5단계	부친 학력3단계	潮木·佐藤(1979)
1970	0.148	중3(본인)	도쿄도	8교과 성적5단계	부친 학력3단계	國研(1973)
1970	0.140	중3(본인)	도쿄도	8교과 성적5단계	모친 학력3단계	國研(1973)
1972	0.241	중3(본인)	기후	본인 5단계평가	부친 학력3단계	潮木 外(1972)
1977	0.188	중3(본인)	불명	종합성적5단계	부친 학력4단계	潮木 外(1978)
1977	0.164	중3(본인)	불명	종합성적5단계	모친 학력4단계	潮木 外(1978)
1980	0.223	중2(부형)	도쿄(호야시)	부모 3단계평가	부친 학력3단계	保谷市(1981)
1980	0.204	중2(부형)	도쿄(호야시)	부모 3단계평가	모친 학력3단계	保谷市(1981)
1989	0.207	소중고(본인)	효고(아마가사키시)	본인 2단계평가	부친 학력3단계	西田(1990)
1989	0.160	중2(본인)	도쿄	본인 3단계평가	모친 학력3단계	都立大(1992)

1958년의 모리구치 조사에서는 양자의 관계를 보여 주는 V계수가 0.182였다. 그런데 1960년대 이후 조사에서는 계수가 0.2를 넘어서는 경우가 많다. 이는 비교적 강한 관련이라 할 수 있다. 가장 나중에 이루어진 1989년 도립대학 조사에서 계수는 0.16으로 약간 감소한다.

이러한 계수의 변화가 영향력의 증감을 의미하는지는 통계적으로 신중하게 검토할 필요가 있다. 그러나 대체적으로 볼 때 이 시기에 부모의 학력으로 드러나는 계층과 아동 성적 간 관계의 크기가 극단적으로 축소되어 관련이 사라졌다고는 말할 수 없다. 양자의 관계는 그다지 크게 달라지지 않았다고 결론을 내려도 무방하다. 적어도 전후 30년간 사회계층 간의 성적 차이가 소멸되었다는 증거는 찾을 수 없다.

경제성장으로 인한 소득의 절대적 수준 상승이나 사회 전체의 고학력화에 따른 부모의 학력수준 상승과 같은 사태가 출현했음에도 불구하고 계층과 성적 사이에는 여전히 안정적인 관계가 지속적으로 유지되어 왔다.

더구나 이러한 조사연구가 거듭되면서 연구자들 사이에서는 소득 등의 경제적 격차가 성적의 계층 간 격차를 유발하기보다는 부모의 학력 등과 관련된 문화적 요인의 영향력 쪽이 중요하다는 견해가 점차 지지를 얻게 되었다. 빈곤문제가 교육문제의 중심에서 주변으로 밀려나던 시대적 변화와는 반대로 출신계층에 따른 학교에서의 성공 기회 불균등은 변함없이―그리고 사회적으로 큰 관심을 모으지도 못한 채―현재에도 존재하는 것이다.

'평등한' 교육 시스템의 탄생

전후 일본사회가 새롭게 출발하면서 사람들은 교육에 많은 기대를 걸었다. 평등한 사회의 실현 또한 그러한 기대의 하나였다고 할 수 있다. 엘리트와 대중을 조기에 가르는 전전의 '분지형分肢型' 교육 시스템 대신 '육삼제六三制*는 사람들에게 교육기회를 널리 확대하는 새로운 교육제도로서 큰 기대를 모으며 출발했다. 물론 교육을 통한 평등사회 실현이라는 이러한 이상의 바탕에는 교육을 통한 새로운 인간의 창출과 교육을 통한 사회적 성공이라는 신앙이 있었다.

소학교까지 의무교육이었던 전전의 제도 대신에 전후는 중학교까지 의무화되었다. 더구나 신제도에서 중학교는 직업과와 보통과의 구별을 두지 않고 모두 한 유형의 학교로 통합되었다. 지금은 당연하게 받아들여

---

* 육삼제란 소학교 6년, 중학교 3년을 의무제 보통교육으로 하는 학제를 가리킨다. 전후 일본에서는 그 위에 3년제의 고등학교가 들어서는 6-3-3제 학제가 형성되었다.

지는 이러한 중학교의 모습도 1940년대 후반 시점에서는 세계적으로 보기 드문 선진적인 제도였다.

누구나 동일하게 '중학교'에 진학하는 '보편적'으로 통일된 중학교 제도의 창설은 전후 일본의 교육개혁 모델을 제공한 미국을 제외하면 유럽 선진국에서조차 그것이 20여 년 이후에나 실현될 정도로 '민주적'인 선진적 학교제도였던 것이다.

이 '보편적'인 중학교 위에 설정된 신제 고교 또한 당시 유럽의 중등학교 제도에 비하면 훨씬 평등주의적인 제도였다. 보통과와 직업과의 구별을 둔 경우도 있었지만 고등학교라는 하나의 유형으로 중등교육을 통합한 것은 전전기의 구제 중학, 고등여학교, 실업학교, 사범학교라는 분지 시스템이나 유럽에서도 여전히 지속되고 있던 중등교육 시스템에 비하면 훨씬 평등주의적이고 개방적인 제도였다. 독일의 김나지움, 프랑스의 리세, 영국의 그래머 스쿨이나 퍼블릭 스쿨 등의 중등학교로 대표되듯 유럽에서는 바로 최근까지도 엘리트 중등교육기관과 직업교육기관으로 분리된 중등교육 시스템을 지속적으로 유지해 왔다. 더구나 이러한 중등교육기관의 종별 분리는 사회계층별로 진학이 달라지는 경향을 낳음으로써 계층적 폐쇄성을 유지해 왔다.

이에 비해 전후 일본에서는 전기 중등교육으로 불리는 신제 중학교가 의무제 통일학교로 출범했고 그 위에 유럽 제도에 비하면 어느 계층이라도 접근하기 쉬운 개방성을 특징으로 하는 신제 고교가 후기 중등교육기관으로 연결되었다. 이러한 개방적인 중등교육 시스템을 만들어 냄으로써 그 후 고교 진학률 상승을 순조롭게 달성할 수 있는 제도적 기반이 마련된 것이다.

실제로 고교 진학률은 그때까지 선진국들이 경험한 바 없을 정도로 급속한 속도로 상승했다. 1950년에 42.5%였던 고교 진학률은 1974년에는 90%에 달했고 나아가 1979년에는 94%로까지 상승하여 이후 그 수준을 유지하고 있다. 겨우 사반세기 만에 50%p 가까운 상승을 이룬 것이다. 이는 해마다 전년도비 평균 7%의 증가율로 진학률이 지속적으로 상승했음을 의미한다. 그 결과 이제 고교는 사실상 거의 모두가 다니는 학교가 되었다.

고교 진학기회의 계층차

그렇다면 과연 이렇게 교육기회가 확대됨으로써 사람들에게 평등하게 교육기회가 제공되었을까. 고교 진학기회는 사회계층별로 어떻게 확대되었을까. 여기서도 전후의 흐름을 선행연구 결과를 토대로 살펴보자.

앞에서도 일부 소개했지만 고교 진학률이 50%대였던 1958년에 모리구치 겐지가 행한 조사연구는 이 문제에 관해서도 선구적인 연구라 할 수 있다(森口, 1960).

이 연구에서는 교토, 후쿠시마, 히로시마, 효고 등 4개 부현의 중학교 10교를 선정하여 중학 3학년생의 보호자 1,707명을 대상으로 설문조사를 실시했다. 이 조사에서 부모의 직업, 학력, 연간소득, 학생 성적(1이면 상위), 그리고 고교 진학 예정 여부를 학생의 보호자에게 물었다.

모리구치의 결론은 〈표 3-14〉, 〈표 3-15〉, 〈표 3-16〉에 제시된 것처럼 동일한 성적 수준이라도 부모의 직업이나 학력, 소득이 높을수록 고교 진학기회가 늘어난다는 것이었다. 또한 소득수준이 동일해도 부모의 학력이 높을수록 진학기회가 늘어난다. 이러한 사실을 바탕으로 모리구치는 다음과 같이 말한다. "이는 중대한 점인데, 진학이 흔히 사람들이 말하듯 반드시 부모의 재산 정도에 따라 결정되는 것은 아니며, 상당한 수입이 있는 층이라도 부모의 학력이 낮은 경우 진학할 수 없는 경우가 상당히 존재한다는 것을 의미한다."(森口, 1960: 141) 부모의 경제력에 의해서만 고교 진학기회가 결정되지는 않았다. 당시의 '상식'과는 달리 부모의 학력으로 나타나는 가정의 문화적 환경 차이가 아동의 성적을 매개로 고교 진학을 좌우한 것이다. 이렇게 모리구치는 문화적 측면에서 계층의 중요성을 이미 1960년대 초에 지적했다.

나아가 모리구치는, 가령 학업능력 수준이 동일해도 부모의 학력 차이가 자녀에 대한 교육열이나 학력취득에 대한 기대의 차이를 통해 자녀의 고교 진학기회를 규정하고 있음을 보여 주었다. 수입 수준이 동일한 가정에서 학생 성적이 동일해도 학력이 높은 부모일수록 자녀에게 보다 높은 학력을 기대한다. 학력에 대한 의식 차이를 매개로 부모의 학력이 높은 아동일수록 높은 학력을 취득하려 한다. 이렇게 학력이 '재생산'된다는 것을 1960년대 초에 확인한 것이다.

모리구치의 연구가 이루어진 1958년에 고교 진학률은 53.7%에 그쳤다. 따라서 고교 진학 자체가 비교적 높은 학력의 취득을 의미했다. 그러나 앞서도 언급했듯이 고교 진학률은 고도경제성장기를 거치며 급속하게 상승한다.

〈표 3-14〉 직업별 · 성적별 고교 진학률 (괄호 안은 %)

성적 직업	1	2	3	4	5	계*
농업	$\frac{19}{22}$ (86)	$\frac{45}{63}$ (71)	$\frac{67}{101}$ (66)	$\frac{24}{41}$ (59)	$\frac{10}{28}$ (36)	$\frac{202}{329}$ (61)
소기업주	$\frac{60}{63}$ (95)	$\frac{103}{114}$ (90)	$\frac{117}{144}$ (81)	$\frac{50}{63}$ (79)	$\frac{11}{19}$ (58)	$\frac{384}{461}$ (83)
봉급생활자	$\frac{98}{99}$ (99)	$\frac{120}{127}$ (95)	$\frac{118}{144}$ (82)	$\frac{31}{41}$ (76)	$\frac{13}{24}$ (54)	$\frac{434}{501}$ (87)
노동자	$\frac{16}{17}$ (94)	$\frac{20}{29}$ (69)	$\frac{27}{56}$ (48)	$\frac{5}{26}$ (19)	$\frac{2}{11}$ (18)	$\frac{77}{160}$ (48)
자유업	$\frac{20}{20}$ (100)	$\frac{8}{9}$ (89)	$\frac{10}{11}$ (91)	$\frac{3}{3}$ (100)	$\frac{1}{1}$ (100)	$\frac{47}{51}$ (92)

* 계에는 성적 불명자의 수가 포함되어 있다.
출처: 森口(1960).

〈표 3-15〉 부모의 학력과 성적 수준별 진학률 (괄호 안은 %)

	성적 학력	1	2	3	4	5	계*
부학력	소졸	$\frac{15}{16}$ (94)	$\frac{23}{40}$ (58)	$\frac{36}{69}$ (52)	$\frac{9}{99}$ (9)	$\frac{17}{19}$ (89)	$\frac{102}{199}$ (51.3)
	고소졸	$\frac{63}{67}$ (94)	$\frac{130}{149}$ (87)	$\frac{157}{223}$ (70)	$\frac{49}{79}$ (62)	$\frac{22}{45}$ (49)	$\frac{494}{678}$ (72.9)
	중졸	$\frac{73}{74}$ (99)	$\frac{96}{102}$ (94)	$\frac{93}{114}$ (82)	$\frac{41}{47}$ (87)	$\frac{7}{13}$ (54)	$\frac{341}{393}$ (86.8)
	전문졸 이상	$\frac{54}{54}$ (100)	$\frac{45}{49}$ (92)	$\frac{28}{29}$ (97)	$\frac{17}{19}$ (90)	$\frac{3}{5}$ (60)	$\frac{158}{171}$ (92.4)
모학력	소졸	$\frac{18}{18}$ (100)	$\frac{26}{40}$ (65)	$\frac{41}{91}$ (45)	$\frac{12}{39}$ (31)	$\frac{10}{31}$ (32)	$\frac{118}{256}$ (46.1)
	고소졸	$\frac{60}{65}$ (92)	$\frac{120}{141}$ (85)	$\frac{157}{205}$ (77)	$\frac{59}{83}$ (71)	$\frac{19}{37}$ (51)	$\frac{484}{637}$ (76.0)
	고녀졸	$\frac{106}{108}$ (98)	$\frac{119}{123}$ (97)	$\frac{104}{120}$ (87)	$\frac{37}{46}$ (80)	$\frac{5}{10}$ (50)	$\frac{419}{463}$ (90.5)
	전문졸 이상	$\frac{21}{21}$ (100)	$\frac{14}{15}$ (93)	$\frac{10}{11}$ (91)	$\frac{2}{2}$ (100)	$\frac{1}{2}$ (50)	$\frac{54}{57}$ (95.0)

* 계에는 성적 불명자의 수가 포함되어 있다.
출처: 森口(1960).

〈표 3-16〉 **수입과 성적 수준별 진학률** (괄호 안은 %)

수입＼성적	1	2	3	4	5	계*
10만 엔 미만	$\frac{5}{7}$ (71.4)	$\frac{10}{20}$ (50.0)	$\frac{14}{41}$ (34.1)	$\frac{10}{27}$ (37.0)	$\frac{7}{21}$ (33.3)	$\frac{54}{143}$ (37.7)
10〜20만 엔	$\frac{30}{32}$ (93.7)	$\frac{54}{74}$ (72.9)	$\frac{80}{132}$ (60.6)	$\frac{23}{46}$ (50.0)	$\frac{5}{32}$ (15.6)	$\frac{213}{368}$ (57.9)
20〜30만 엔	$\frac{52}{54}$ (96.3)	$\frac{76}{87}$ (87.3)	$\frac{74}{109}$ (67.9)	$\frac{36}{50}$ (72.0)	$\frac{9}{18}$ (50.0)	$\frac{280}{372}$ (75.3)
30〜50만 엔	$\frac{84}{85}$ (98.8)	$\frac{111}{118}$ (94.0)	$\frac{126}{146}$ (86.3)	$\frac{36}{47}$ (76.6)	$\frac{14}{18}$ (77.7)	$\frac{422}{473}$ (89.2)
50만 엔 이상	$\frac{61}{61}$ (100)	$\frac{74}{76}$ (97.3)	$\frac{59}{64}$ (92.2)	$\frac{23}{26}$ (88.4)	$\frac{6}{6}$ (100)	$\frac{248}{258}$ (96.1)
계*	$\frac{235}{243}$ (96.7)	$\frac{330}{383}$ (86.2)	$\frac{375}{522}$ (71.8)	$\frac{132}{204}$ (64.7)	$\frac{44}{102}$ (43.1)	$\frac{1270}{1707}$ (74.4)

* 성적의 계에는 성적 불명자의 수가 포함되어 있고, 수입의 계에는 수입 불명이 포함되어 있다.
출처: 森口(1960).

 그 결과 고교에 진학하지 않는 자가 소수자인 시대가 되었다. 고교 진학률이 77%까지 상승한 1968년에 문부성은 중학교 졸업자의 진로 상황에 관한 전국조사를 실시한다. 이 조사는 '진로 결정 상황'을 '학업성적이나 가정 상황 등과 관련지어 밝히고 교육계획 책정 등 금후 교육 시책 검토에 기여할 수 있는 기초자료를 정비하는 것을 목적으로 실시'된 것이다(보고서 '서문'). 중학교 졸업예정자 66,440명을 대상으로 한 대규모 전국조사였고 조사 결과는 후에 '사육답신四六答申'으로 불린 중교심 답신 보고서에도 활용되었다.

 이 조사에서는 중학 졸업 이후 진로가 어떻게 결정되는지를 조사하기 위해 진학 선택 결정요인으로 중학교 성적, 보호자의 소득수준, 직업 등을 조사했다. 그러나 이 조사보고서에서는 불가사의하게도 극히 단순한 분석밖에는 이루어지지 않았다. 겨우 '통계표' 난의 제일 마지막에 '공립 중학교 졸업 후 진학자·취학자의 학업성적과 가정의 연간수입액 간의 관계'라는 제목이 붙은 표만을 제시했을 뿐이다. 표 자체에는 퍼센트조차 제시되지 않았다. 말하자면 '논평을 생략'하고 숫자를 나열한 표를 보고서 구석에 게재한 것이다.

당시 고교 진학기회에 관한 중요한 연구를 행한 우시오키가 이 보고서를 "우리 전문 연구자가 보기에 극히 중요한 집계가 이루어졌음에도 이 조사가 이후 지니게 된 중요성에 비추어 볼 때 극히 완성도가 낮은 보고서라 할 수밖에 없다"(潮木, 1975: 75)고 평가할 정도였다.

이 문부성 보고서는 왜 이런 식이었을까. 계층과 교육을 둘러싼 문제에 대한 문부성의 이런 자세는 무엇을 의미하는가. 여기에 '계층과 교육' 문제에 대한 문부성의 자세가 드러난다고 생각되는데, 그에 관해서는 후술하기로 하고(제5장 참조), 여기서는 일단 조사 결과를 살펴보기로 하자.

〈표 3-17〉에서 드러나듯이 동일한 성적의 학생이라도 보호자의 소득수준에 따라 중학교 졸업 이후 진학과 취업 등 진로가 달라진다. 또 이 표를 다른 각도에서 보면 동일한 소득수준이라도 중학교 성적에 따라 진로가 달라진다. 소득수준이나 성적이 공히 중학 졸업 이후의 진로 결정에 어느 정도 영향을 미치는 것이다. 그렇다면 소득수준과 성적 중 어느 쪽의 영향력이 더 클까. 그런데 문부성의 조사는 이 중요한 질문에 답을 제시하지 않는다.

이에 비해 문부성의 문제 파악 방식에 비판적이었던 우시오키의 연구는 보호자의 소득이나 직업, 학력 등 계층적 배경이 아동 성적을 매개로 하여 고교 진학기회에 미치는 간접적인 영향을 파악하려 했다.

〈표 3-17〉 공립중학교 졸업자의 학업성적·가정의 수입별 고교 진학률   (단위: %)

성적 단계	가정의 연간수입액(만 엔)					
	~50	50~100	100~150	150~200	200~300	300~
1.0~1.5	7.4	19.6	39.2	49.8	45.9	72.3
1.5~2.0	15.4	37.1	62.6	68.8	73.7	67.3
2.0~2.5	29.9	58.1	78.9	84.3	85.5	83.5
2.5~3.0	47.1	76.8	90.6	92.5	94.7	93.4
3.0~3.5	70.3	90.2	96.4	98.0	98.1	98.7
3.5~4.0	84.2	96.2	99.1	99.3	99.4	99.2
4.0~4.5	91.5	98.3	99.6	99.7	100.0	99.9
4.5~5.0	97.6	99.5	99.9	99.9	100.0	100.0

출처: 文部省(1968: 74)에서 작성.

처음부터 우시오키의 연구는 계층과 교육기회의 관계에 관한 명확한 문제의식에서 출발했다. 문부성 조사가 실시된 지 3~4년 후, 고교 진학률이 80%를 넘어서면서 고교에 진학하지 않는 사람이 소수자가 되어 버렸다. 이렇게 고교 진학이 말하자면 강제적 요소를 지니기 시작할 무렵 누가 고교에 진학하지 않는가를 가정배경과 관련지어 포착하려 한 것이다.

이 연구에서는 경로분석이라는 방법을 사용하여 가정의 소득이나 부모의 직업, 학력 등 계층적 배경이 아동의 학력을 매개로 고교 진학기회를 어떻게 좌우하는가를 밝혔다. 그 결과는 [그림 3-5]에 제시되어 있다. 그림의 화살표에 붙은 수치는 각 요인 간 관계의 정도를 보여 준다. 수치는 −1에서 +1까지 사이로 나타나며 0일 경우 전혀 영향력이 없고 +1에 가까울수록 고교 진학을 촉진하는 영향력이 강하다는 것을 의미한다. 거꾸로 −1에 가까운 경우 진학을 억제하는 방향의 영향력이 강하다는 의미다.

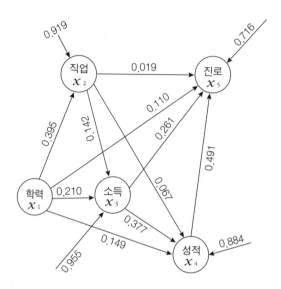

[그림 3-5] 고교 진학을 규정하는 요인(경로계수)

출처: 潮木(1975).

　이 그림에서 알 수 있듯이 학업성적이 고교 진학에 '직접' 미치는 영향력은 0.491로 다른 요인의 영향에 비해 상당히 강한 결정력을 갖고 있다. 이에 비해 소득의 영향력은 0.261로서 성적에 비해 작다. 나아가 부모의 학력과 직업이라는 요인은 '직접' 고교 진학기회를 좌우하는 힘이 그보다 더 작다. 결국 부모의 학력이나 직업, 가정 수입 등이 고교 진학기회에 미치는 영향력보다도 아동 본인의 성적 쪽이 훨씬 강한 진학 결정력을 지닌다. 이처럼 다른 요인을 거치지 않는 '직접'적인 영향 관계에만 주목한다면 분명 '성적 원리'가 고교 진학기회를 결정하는 것처럼 보인다.

　그러나 실은 그 주요 결정요인인 성적 자체가 가정 수입이나 부모의 학력, 직업 등에 의해 영향받을 가능성이 있다. 성적 자체는 다른 요인에 의해 어느 정도 영향을 받고 있을까. 이를 보면 소득이 성적에 미치는 영향이 0.377로 결코 약하지 않다. 경로분석 방법을 활용하면 이러한 간접적 영향력을 포함하여 각 요인의 총체적인 영향력을 계산할 수 있다. 그렇게 소득이 성적을 매개로 하여 '간접적'으로 고교 신학기회에 미치는 영향력을 계산하면 0.185(=0.377×0.491)가 된다. 여기에 앞의 직접적 영향력 0.261을 더하면 0.446(=0.185+0.261)이 된다. 이 수치는 학업성적이 고교 진학에 미치는 영향력(0.491)에 거의 필적할 만큼 크다. 결국 "고교 진학과 비진학을 나누는 요인으로 일단 성적이 큰 결정력을 갖고 있는 것처럼 보이지만, 가정의 소득 수준도 그에 뒤지지 않을 정도의 결정력을 갖고 있다"(潮木, 1975: 85)는 것이다.

고교 유형별 진학기회

지금까지 살펴본 연구는 고교 진학 여부와 사회계층의 관계를 보여 주는 것이었다. 고교 진학률이 그다지 높지 않았던 시대에 누가 고교에 진학하는지를 조사한 모리구치의 연구. 그 이후 고교 진학률이 80%에 가까워질 무렵 이번에는 누가 고교에 진학하지 않는가를 조사한 문부성이나 우시오키의 연구. 그런데 이들 연구에서는 어떤 유형의 고교에 누가 진학하는가라는 점에서는 충분한 검토가 이루어지지 못했다.

많은 사람이 고교 진학을 당연하게 받아들이면서 진학률이 상승하자 누가 고교에 진학하지 않는가와는 별개로 어떤 고교에 진학하는가가 문제가 되어 간다. 이 점에 착목하여 확대된 고교 교육기회가 어떤 계층 출신자에게 제공되는지를 밝히려 한 것이 다음에서 볼 하타 마사하루(秦政

春, 1977)의 연구다.

하타의 연구는 모 현을 대상으로 쇼와 20년대 후반과 쇼와 40년대에 어떤 유형의 고교에 어떤 계층 출신자가 진학하는가를 조사했다. 하타는 각 고교 재적자 중에서 각 계층 출신자가 점하는 구성비를 조사한다. 그리고 그 구성비와 조사 대상이 된 현 전체 근로자의 직업구성비를 가지고 선발지수를 계산하고 그것을 바탕으로 계층에 따른 고교 진학기회의 확대와 축소를 논의한다. 그런데 여기서는 하타가 제시한 표를 바탕으로 거기에 독자적인 추계치를 포함시켜 직업계층별 고교 진학유형의 차이를 밝혀 보자. 이 추계 방식은 주를 참고하기 바란다. 어쨌건 이러한 재검토를 행함으로써 각 계층별로 어떤 유형의 고교에 진학하게 되었는지를 보다 직접적으로 파악할 수 있을 것이다.[2]

재집계 결과는 〈표 3-18〉에 제시하였다. 이 표를 통해 다음과 같은 사실을 알 수 있다. 첫째, 쇼와 20년대 후반과 40년대에 공히 어느 계층에서건 비진학자 비율이 줄어들었다. 특히 농림어업 출신자의 비진학률 감소가 두드러졌다. 이에 비해 블루칼라 출신자의 경우 비진학자는 50%에서 38%로 감소되어 다른 계층에 비해 여전히 고교에 진학하지 않는 사람이 적지 않았다.

둘째, 어느 계층에서나 정시제定時制 진학자의 비율은 감소하여 고교 진학이 전일제全日制 고교에 집중되었음을 알 수 있다. 이 경향에서 계층차는 거의 보이지 않았다.

셋째, 직업과에 진학하는 사람이 어느 계층에서나 증대되었다. 앞서 언급한 정시제 진학자 및 비진학자가 감소한 부분만큼 직업과의 진학자 구성비율의 증대로 이어진 것으로 추측된다. 좀 더 자세히 살펴보면 직업

〈표 3-18〉 **부모의 직업별로 본 진학 고교의 유형**(쇼와 20년대 후반과 40년대의 비교)

출신계층	화이트칼라		그레이칼라		블루칼라		농림어업		전체	
연대	20년대	40년대	20년대	40년대	20년대	40년대	20년대	40년대	20년대	40년대
보통과 1	12.1	9.6	7.3	8.7	5.4	5.3	1.8	6.2	5.2	7.4
보통과 2	8.9	17.1	4.4	16.1	2.4	10.1	3.7	8.5	4.3	13.3
(진학교 소계)	21.0	26.7	11.6	24.8	7.8	15.4	5.6	14.7	9.5	20.7
보통과 3	19.8	3.9	13.4	4.1	6.4	2.9	6.0	6.4	9.5	4.0
보통과 4	10.1	0.9	8.2	1.0	8.2	0.7	4.6	2.1	6.9	1.1
사립보통과	0.0	21.3	0.0	19.3	0.0	10.0	0.0	8.5	0.0	15.5
(보통과 소계)	50.9	52.9	33.2	49.2	22.4	29.1	16.1	31.8	26.0	41.2
상업과	15.2	10.5	12.4	12.7	7.4	8.8	3.2	9.7	7.6	10.3
공업과	4.2	5.6	4.0	6.6	5.9	5.7	2.3	7.0	3.7	6.1
기타 직업과	2.9	4.2	4.5	5.3	0.8	4.5	4.5	19.3	3.4	6.8
사립직업과	0.0	16.2	0.0	18.5	0.0	13.8	0.0	13.6	0.0	15.2
(직업과 소계)	22.3	36.5	21.0	43.1	14.1	32.7	10.0	49.6	14.8	38.3
정시제	7.7	0.3	8.7	0.4	13.4	0.5	8.9	0.9	9.8	0.5
비진학자	19.1	10.3	37.1	7.4	50.1	37.7	65.0	17.8	50.0	20.0

출처: 秦(1977: 70), 〈표 2-1〉에서 재계산. 보통과 1은 대학 진학률이 60% 이상, 2는 40~59%, 3은 20~39%, 4는 19% 이하.

과 진학자의 구성비 증대 경향에서는 명확한 계층차가 나타났다. 사무직이나 전문·관리직 등 화이트칼라 부모를 둔 아동의 경우 14포인트가 증가한 데 비해 기능공 등 블루칼라 출신자는 18포인트, 판매·서비스업 등 그레이칼라 자녀들은 22포인트, 농림어업 출신자는 40포인트 가까이 증가를 보였다. 정시제 진학자나 비진학자의 감소폭이 큰 계층일수록 직업과 진학자 비율이 늘어난 것이다.

넷째, 보통과 진학률에서도 이미 쇼와 20년대에 50%를 넘어선 화이트칼라층을 제외하면 어느 계층에서나 진학자 구성비가 높아졌다. 이 현 전체의 보통과 구성비가 26%에서 41%로 증대된 것을 반영하여 각 계층에서 보통과로 진학한 사람의 비율이 늘어난 것이다. 그러나 여기서도 그레이칼라와 농림어업이 두드러진 상승을 보인 데 비해 블루칼라층의 경우는 신장 폭이 훨씬 작았다.

다섯째, 전체적으로 보면 쇼와 20년대와 40년대 모두 출신계층과 고교 유형별 진학기회 사이에는 명확한 관계가 있었다. 보통과(특히 대학 진학률이 높은 보통과 1·2)로의 진학기회는 블루칼라나 농림어업층 출신자보다 화이트칼라나 그레이칼라에 더 많이 부여되었다. 더구나 그 경향은 20년이라는 시간이 흘렀음에도 불구하고 거의 변하지 않았다. 또 하타의 논문에는 대학 진학률 정보는 없지만 쇼와 40년대 사립 보통과고교로의 진학을 보면 화이트칼라, 그레이칼라 출신자가 각기 20% 가까이 진학하는 데 비해 블루칼라나 농림어업층 출신자는 그 반수에도 미치지 못했다. 사립 보통과고교 안에는 '진학명문교'도 포함되어 있다는 점을 고려하면 앞서 언급한 차이 이상의 계층차가 있다고 생각된다.

고교 진학률은 50%에서 80%로 대폭 상승했다. 그럼에도 확대된 고교 진학기회를 고교 유형별로 보면 반드시 어느 계층에게나 균등하게 기회가 분배되었다고는 할 수 없다. 특히 블루칼라층의 경우에는 고교 비진학자나 정시제 진학자가 감소한 분만큼 직업과로 흡수되었으며, 보통과 특히 대학 진학률이 높은 보통과고교로의 진학기회는 다른 계층에 비해 그다지 확대되지 못했다고 하는 결론을 도출할 수 있다. 예전에 고교 진학자와 비진학자 차이로 나타난 계층차는 고교 진학률의 상승 과정에서 이번에는 고교 유형별 차이로 모습을 바꾼 것이다.

교육기회의 배분구조

지금까지는 고교 진학기회이 학대가 계층별로 다른 유형의 교육기회 확대였음을 살펴보았다. 대학 진학으로 이어지는 고교로의 진학기회는 화이트칼라나 그레이칼라 출신자에게 보다 많이 배분되는 방식으로 고교 교육의 기회가 확대된 것이다. 그렇다면 대학 진학의 경우는 어떠할까.

이 장의 앞에서 도쿄대를 비롯한 '명문대학'에의 진학기회가 상층 정신 노동층 자제에게 '과점'되는 상태였음을 살펴보았다. 이러한 명문대학을 포함한 고등교육 유형별 진학기회와 출신계층의 관계를 살펴보자.

〈표 3-19〉는 우리가 1994년에 행한 대학 4학년생 대상 조사 결과다. 이 표가 보여 주듯이 문과(경제, 상, 경영학부)계의 4년제 대학에 진학한 사람만을 볼 경우에도 부모의 학력이나 직업에 따라 어떤 유형의 고등교육기관에 진학하는가가 달라진다. 이 경우 각 대학집단에 국립대학과 사립대학이 동일하게 혼재되어 있기 때문에 학비 등 고등교육과 관련된 비용의 차이가 이러한 계층차를 유발하는 것은 아니라고 할 수 있다. 그렇다면 입학에 필요한 학력의 차이를 매개로 고등교육기관의 서열과 출신계층의 대응관계가 만들어진다고 생각할 수 있다. 유형별로 본 고교 진학 경우와 마찬가지로 진학률 상승에 의해 초래된 고등교육 기회의 확대는 교육기관 유형으로 나누어 볼 경우 계층차를 온존시키면서 이뤄진 것이다.

그렇다면 의무교육에서 고등교육까지 포함한 교육기회 전체의 분배는 어떠했을까. 역시 계층차가 온존한 채로 각 단계의 교육기회가 확대되었을까. 이 문제와 관련하여 사회이동과 사회계층 연구에서 다양한 성과가

〈표 3-19〉 **부친의 직업, 학력과 대학 순위**　　　　　　　　　　　　(단위: %)

부친의 직업	대학의 입학난이도		
	70~	60~69	50~59
전문적 직업	7.6	6.6	6.7
대기업의 관리직 이상	28.0	18.5	9.4
관공청의 관리직 이상	2.3	6.6	4.7
중소기업의 관리직 이상	15.2	–	16.6
대기업의 화이트칼라(관리직 제외)	6.8	7.1	6.3
관공청의 화이트칼라(관리직 제외)	3.8	4.3	4.1
중소기업의 화이트칼라(관리직 제외)	8.3	5.7	6.3
대기업의 블루칼라	–	2.8	3.7
중소기업의 블루칼라	2.3	4.7	6.7
관공청의 블루칼라	–	–	1.4
농림어업	–	3.3	1.8
자영업	17.4	14.2	22.9
기타	–	3.3	2.9
부친의 최종학력	**70~**	**60~69**	**50~59**
대학원	5.3	3.3	1.8
대학	61.4	38.9	26.2
단기대학 · 전문학교 · 고전	1.6	2.4	3.2
고교	23.5	37.9	47.2
중학	3.8	11.4	13.7
기타	–	–	0.8
무응답	3.8	5.7	6.5
모친의 최종학력	**70~**	**60~69**	**50~59**
대학원 · 대학	31.9	10.9	5.1
단기대학 · 전문학교 · 고전	20.5	18.0	14.5
고교	43.2	56.4	59.7
중학	–	9.5	13.7
기타	–	–	0.2
무응답	4.5	5.2	6.7

출처: 就職問題硏究會(1994).

있었다. 여기서는 SSM 조사 자료를 사용하여 분석한 한 연구를 간단히 살펴보자.

이마다 다카토시今田高俊는 1955년부터 1985년까지 4회의 SSM 조사 자료를 사용해 부모의 학력과 아동의 학력 간 관계가 어떻게 변화했는가를 로그리니어분석이라는 통계방법을 통해 규명한다. 분석 결과를 한마디로 말하면 '부모보다 한 단계 상승한 지위를 유지한다'는 구조의 발견이다(今田, 1989: 91).

전후 고교 진학률이나 대학 진학률은 크게 상승했다. 분명 이러한 교육기회의 양적 확대로 인해 부모 세대보다 한 단계 위의 학교에 다니는 아동들이 늘어났다. 그러나 예를 들어, 중졸 부모를 둔 아동이 일거에 대졸이 되는 두 단계 이상의 상승은 어려웠다. 또한 이미 부모가 고등교육을 받은 계층의 경우에는 아동도 또한 고등교육을 받을 기회가 다른 계층보다 더 크게 온존되어 왔다. 결과적으로 확대된 교육기회가 교육성취의 계층차를 축소시키지는 못했다는 것이다.

또 다른 각도에서 계층과 교육성취의 관계를 다룬 연구로 이시다 히로시(石田浩, 1989)의 연구가 있다. 이시다는 1975년의 SSM 조사 자료를 활용하여 교육성취와 계층의 관계를 조사했다. 이 연구의 독특한 점은 일본과 비교 가능한 자료를 활용해 영국, 미국과의 국제비교를 시도한 점이다. 이시다의 분석 결과는 〈표 3-20〉과 같다.

이 표의 수치는 1970년대 전반에 당시 20~64세였던 남성의 고등교육기관 진학기회가 부모의 직업이나 학력, 소득 등의 요인에 따라 어느 정도로 좌우되었는지를 비교한 것이다. 이 표에서 알 수 있듯이 지금까지 제시한 다른 연구와 마찬가지로 출신계층에 따라 고등교육에 도달할 수

〈표 3-20〉 학력취득을 규정하는 요인 · 일본, 미국, 영국 비교

	일본 고등교육기관 진학	미국 고등교육기관 진학	영국 ONC자격 이상
가정의 경제력	.452*	.342*	.254*
부의 학력	.168*	.087*	.065
모의 학력	.202*	.112*	.156
부의 직업	.027*	.030*	.015*
도시 출신	.469*	.423*	.057
농가 출신	−.640*	−.123	−1.025*
형제 수	−.073*	−.142*	−.209*
인종		−.081	
절편	−6.683*	−4.455*	−1.310*
D(속성적 요인 전체의 영향)	11.32	8.35	5.11
사례 수	1,965인	23,833인	8,194인

주: 숫자는 로짓 중다회귀계수. *는 통계적으로 5% 수준에서 유의미함을 의미한다.
출처: 石田(1989).

있는 기회가 달랐다.

표 안의 수치는 가정의 소득수준, 부모의 학력과 직업, 출신지역, 농가 출신 여부 등 본인의 능력이나 업적 이외에 영향을 미치는 '귀속적' 요인에 따라 고등교육에 도달할 수 있는 기회가 얼마만큼 좌우되는가를 보여준다. 이를 보면 일본에서도 가정 소득이나 부모의 학력 그리고 특히 농가출신 여부 등의 계층적 배경에 따라 고등교육을 받을 기회가 크게 영향을 받는다는 것을 알 수 있다. 더구나 일본에서 출신계층이 교육성취에 미치는 영향력의 크기는 다른 선진국의 영향력과 별로 다르지 않았다. 오히려 이들 모든 귀속적 요인의 영향력 전체(표 안의 D로 표시됨)를 보면 미국이나 영국보다 더 크다고 할 수 있다.

여기서 표는 생략하지만, 이시다는 출생 연도에 따른 분석도 진행했다. 이에 따르면 일본의 경우 젊은 세대일수록 가정소득의 영향력이 약해진다. 이 결과는 전에는 깅했던 '재력'의 영향력이 서서히 약화되었음을 의미한다. 결국 일본의 경우 전후 특히 고도성장기 이후 교육받은 세대에게 가정 경제력의 영향이 앞 세대보다 상당한 정도로 작아졌다고 볼 수 있다. 분명 '빈곤문제'의 축소로 인해 가정의 경제력이 아동의 교육성취에 미치는 영향력은 약화된 것이다.

그런데 가정 경제력의 영향이 이 정도로 현저하게 약화되어 가는 경향은 미국이나 영국에서는 그다지 뚜렷하지 않다. 이러한 경향은 세 나라 중에서 일본에서만 보이는 경향이었다. 그렇다면 앞서 살펴본 사회계층과 교육의 관계를 보여 주는 선행연구의 결과는 어떻게 해석해야 할까. 분명 전후 일본사회의 '계층과 교육' 문제를 고찰할 때 계층차를 '경제력'의 차이로만 보는 것으로는 충분하지 않은 시대가 되었다는 의미다. 이 점을 이시다의 분석에서 읽어 낼 필요가 있다.

숨겨진 문제로서의 '계층과 교육'

———

이시다가 발견한 이 사실은 우리의 문제의식에서 중요한 의미를 지닌다. 앞 장에서도 언급했듯이, 또 다음 장에서도 재론하겠지만 교육기회와 사회계층의 관계는 영국이나 미국에서는 단순한 연구상의 문제에 그치지 않는다. 이들 사회에서 이 문제는 교육정책을 논할 때 거의 반드시 논의될 정도로 중대하다.

　교육은 사회적 지위상승의 유효한 수단이다. 따라서 사회의 평등화를 꾀하기 위해서는 교육받을 기회를 평등하게 하는 것이 좋다. 그러나 현실적으로는 교육기회가 출신계층에 따라 제약받고 있지 않은가. 교육의 평등을 실현하기 위해 그러한 제약을 어떻게 정책적으로 해결할 것인가. 이러한 '계층과 교육' 문제가 이들 두 나라의 교육 논쟁에서 중요한 주제였다.

　실제 수준에서 보는 한 일본에서도 '계층과 교육'의 관련 자체는 이들 두 나라와 별로 다르지 않다. 이시다의 연구가 보여 주듯이 일본만이 교육기회가 평등하게 분배되고 있는 것은 아니다. 교육성취의 '불평등' 정도는 오히려 미국이나 영국에 비해 결코 뒤지지 않는다. 중간계급과 노동계급이 뚜렷이 구분되고 '두 국민', '우리와 저 녀석들'이라고 표현되는 영국의 계급제도. 경쟁사회라면서도 여전히 '인종차별'로 대표되는 계층구조를 유지하는 미국. 이 두 사회와 거의 동일한 정도로(혹은 그 이상으로) 일본에서도 어느 가정에서 태어났는가가 아동의 교육성취에 큰 영향을 미치고 있다는 것이 분명히 드러났다. 그럼에도 이시다의 분석이 보여 주듯 '경제력'으로 대표되는 계층차가 약화되는 경향이 있고, 그것을 반영하듯 '빈곤문제'가 희미해져 감에 따라 '계층과 교육' 문제 또한 일본의 교육 논의 안에서 희미해졌다. 재력차의 영향은 약화되어 가면서도 출신계층과 교육성취의 관계는 전후 일본에서 여전히 일관되게 지속되어 온 것이다.

　전후 일본사회에서 '계층과 교육' 문제는 교육 논쟁의 중요한 주제가 되지 않았다. 왜 이만큼 거듭하여 연구자들이 밝혀 온 사실이 사회적인 관심을 모으지 못했을까. 왜 이 문제가 교육정책의 논의 대상으로 별로 받아들여지지 못했던 것일까.

계층과 교육의 관계를 실제 수준에서 확인한 지금 우리는 이 수수께끼 풀이에 좀 더 가까이 접근하게 되었다. 그리고 이 수수께끼를 풀기 위해서는 우선 전후 일본사회가 어떻게 대중교육사회의 특질을 획득하게 되었는지 그 과정을 돌아볼 필요가 있다.

제4장

대중교육사회와 학력주의

고도로 대중화된 교육이 사회를 편성하는 중요한 관건의 하나가 되는 사회. 전후 일본에서 대중교육사회는 어떻게 해서 성립하게 되었을까. 대중교육사회를 창출한 전후 일본의 특질은 무엇인가. 이 장에서는 대중교육사회의 탄생이라는 수수께끼를 풀어 본다.

제1장에서 언급했듯이 이 질문을 풀 수 있는 단서는 능력주의와 평등주의의 일본적 결합에 있다. 대중교육사회란 단지 교육이 양적으로 확대된 사회만은 아니다. 교육의 대중적인 확대가 대중적인 사회의 편성과 밀접하게 연관된, 대중사회 상태에 도달한 사회인 것이다. 그리고 그러한 사회를 창출하는 데 있어 교육을 둘러싸고 전개된 능력주의와 평등주의의 일본적 결합이 중요한 역할을 담당했다고 생각할 수 있다.

학력사회론과 차별선별교육론

그런데 의무교육 이후의 중등학교 취학률이나 대학 진학률이 일정 정도 높은 수준에 이른 사회는 일본 말고도 많이 있다. 예컨대, 미국을 비롯해 한국, 캐나다, 스웨덴 등 대중교육mass education을 갖춘 사회들이다.

또 교육의 양적 확대를 설명하는 이론도 이미 얼마간 존재한다. 경제가 요청하는 노동력의 기술 수준 고도화가 사회의 고학력화를 촉진한다고 보는 '기술기능주의' 이론, 교육에 대한 투자가 보다 높은 수입을 유발할 것으로 기대하여 보다 많은 사람이 보다 높은 교육을 추구한다고 하는, 교육의 경제적 유인가를 강조하는 인간자본론 등 대부분은 경제적 요인에 착목하여 교육의 양적 확대를 설명하려 한다.

분명 한 나라의 경제수준이 어느 정도 발달함에 따라 교육의 수요와 공급 쌍방이 확대되는 것은 사실이다. 사회도 가계도 교육에 지출할 만큼 충분한 부를 지니지 못하면 교육 투자가 이루어질 수 없다. 또한 그 사회가 높은 학력을 지닌 사람들을 노동력으로 충분히 흡수할 수 없다면 교육의 양적 확대에도 일정한 제약이 생긴다. 교육의 양적 확대에만 주목한다면 이러한 경제이론을 통해 다른 나라와 마찬가지로 전후 일본의 경우도 어느 정도 설명할 수 있을 것이다.

그러나 여기서는 이러한 경제적 요인에 따른 접근은 취하지 않는다. 그것은 다른 전문 연구에 맡기도록 하고, 여기서는 사람들이 교육을 보는 시선에 주목하고자 한다. 한 사회에서 사람들이 교육을 어떻게 바라보는가. 교육에 어떤 의미를 부여하는가. 그러한 사회·심리적 요인에 초점을 맞추어 전후 일본의 대중교육사회 성립요건을 탐색하고자 한다.

이렇게 '의식'에 착목하는 이유는 우리의 탐구대상이 단순히 교육의 양적 확대는 아니기 때문이다. 분명 교육 확대에는 경제적 조건이 필요하다. 그러나 그러한 조건하에서 어떤 동기나 이유로 교육 확대가 일어났는지가 중요하다. 교육의 양적 확대를 이끈 동기부여나 그 배경에 있는 교육에의 시선은 사람들의 사회인식(사회를 보는 방식)과 모종의 관련을 지닌다. 그렇다면 우리가 '대중교육사회'로 특징짓는 교육과 사회의 독특한 관련이 어떻게 형성되었는지는 교육의 확대와 관련하여 사람들이 교육을 보는 눈, 교육과 사회를 관련짓는 방식에 주목함으로써 규명될 것이다. 결국 교육의 양적 확대만이 아니라 그것이 대중교육사회의 성립이라는 사회편성과 어떻게 관련되는지를 밝히려는 것이다.

이 문제를 푸는 데 있어 이 장과 다음 장에서 보조축으로 설정한 것은

'학력사회론學歷社會論'과 '차별선별교육론差別選別教育論'이다. 일본에서는 학력 사회라는 개념을 둘러싸고 다양한 논의가 이루어져 왔다. 또 교육 세계 에서는 능력에 따라 아동을 다르게 대하는 것을 차별=선별교육으로 간 주하는 논의가 많은 지지를 받으면서 거듭 제기되어 왔다. 이러한 '상식 적' 견해를 검토해 보려는 것이다.

이들 논의는 교육과 사회의 접점에 관한 논의이며 공히 능력주의와 평 등주의를 중요한 주제로 한다. 더구나 학력사회론과 차별선별교육론이 전제하는 교육인식 안에는 전후 시기에 교육 확대를 촉진해 온 동기부여 가 포함되어 있다. 나아가 이들 논의에는 전후 일본인이 교육과 사회를 관련지어 문제 삼을 때 상식이 되었다고 할 만한 기본적인 인식틀이 포 함되어 있다.

가장 흥미로운 점은 학력사회론도 차별선별교육론도 실은 다른 선진사 회에서는 좀처럼 볼 수 없는 전후 일본에 특질적인 교육과 사회의 인식 방식이라는 점이다. 바꿔 말하면 동일하게 교육이 양적으로 확대된 다른 사회에서는 일본처럼 학력사회론이나 차별선별교육론이 보급되어 있지 않다는 것이다.

학력사회론을 보자. 일본만큼 학력을 논한 글이 많은 사회도 드물다. 분명 교육을 통해 사회적, 경제적 지위가 결정되는 사회는 일본 말고도 많다. 본인이 받은 교육의 연한이 직업지위나 소득수준을 좌우하는 중요 한 요인의 하나라는 것은 사회이동연구나 사회계층연구에서 이미 상식 이라 해도 좋다. 그러나 학력이 이후의 지위를 규정한다는 사실을 문제 삼는 논의가 일반 잡지나 신문 등에서 이 정도로 활발하게 이루어지고, '학력사회론'이 하나의 장르를 형성할 정도로 확산된 사회는 일본 말고는 없다. 영국에서 '계급사회론'이 많이 회자되고 미국에서 '다민족사회론'이 많이 회자되듯 일본에서는 '학력사회론'이 많이 이야기되어 왔다. 입시경쟁이 그토록 격렬하다고 하는 이웃 나라 한국에서조차 학력사회론은 아직 언론의 한 장르가 될 만큼 충분히 다루어지고 있지는 않다고 한다. 그런 의미에서 학력사회론은 전후의 일본사회를 특징짓는 하나의 사회인식이라 해도 좋다. 더구나 그것은 이제 우리의 '상식'을 구성하는 인식의 하나가 된 것이다.

학력사회론이라는 명칭이 보여 주듯 이 논의는 교육과 사회의 관련에 뚜렷이 초점을 맞추고 있다. 따라서 전후 일본사회에 특징적이고 더구나 '상식'이 되어 버린, 교육과 사회를 관련짓는 기본적 인식틀을 대상으로 할 때 우리는 교육의 대중적 확대가 대중적인 사회 형성에 어떻게 관련되는가라는 대중교육사회 성립의 수수께끼에 비로소 접근할 수 있다고 본다.

이 장에서는 우선 학력사회론을 검토한다. 그리고 다음 장에서 차별선별교육론을 다룬다.

'사회적 출생'의 비밀

1970년 1월, OECD 교육조사단이 일본을 방문했다. 일본의 교육문제를 찾아내고 해결책을 제시하는 것이 목적이었다.

이 조사단의 한 사람으로 노르웨이의 사회학자 요한 갈퉁Johan Galtung이 포함되어 있었다. 그는 조사보고서에 「사회구조·교육구조·생애교육」

이라는 제목의 논문을 발표했다. 거기에 일본 교육과 관련하여 다음과
같은 '진단'이 실렸다.

> 우선 이 제도는 일단 어느 집단에 배치된 다음에는 계급의 변경이 극히 어렵다
> 는 점에서 본질적으로 귀속주의적이다. 학력주의의 경우 생물적 출생biological birth 이
> 후에 사회적 출생social birth이 일어난다는 점을 제외하면 귀속적으로 계급이 결정된
> 다는 점에서 동일하다. 보다 정확하게 말하면 어느 계급에 소속되는가는 각 단계
> 의 입학시험으로 결정된다. ……(중략)…… 생물적 출생은 극적인 것이지만 잘 생
> 각해 보면 개인의 사회적 출생 또한 더욱 극적이다. ……(중략)…… 입학시험에 합
> 격하는 것은 재탄생이며 또 일단 재탄생한 다음 그의 인생은 모델I형 사회*의 경우
> 와 마찬가지로 결정된다(247).

'생물적 출생' 이후에 '사회적 출생'이 이루어진다. 더구나 '입시'를 통
해 결정된다. 일단 결정되어 버리면 그 후 그로부터 얻은 지위는 귀속적
인 계급처럼 지속적으로 유지된다. 과연 이 노르웨이 학자의 지적은 일
본 학력사회의 특질을 정확히 짚어 냈다. '재탄생生まれ変わり'으로 표현할 만
큼 일본의 입학시험이 '극적'인 변화를 초래한다는 것이며, 그런 까닭에
교육에 대중을 동원하고 그 결과 입시경쟁을 격화시킨다는 것이다. 그리
고 그 때문에 학력사회야말로 입시교육의 폐해를 낳는 원흉으로 간주되
는 것이다. '사회적 출생'이라고 갈퉁이 단적으로 표명한 일본 학력사회
의 특질은 당시 일본인의 학력사회관을 명확하게 보여 준다. 동시에 이
표현은 일본인 연구자에게도 채용되어 학력사회의 이미지를 보다 강화
하게 되었다.

---

* 카스트제도처럼 출생으로 지위가 정해지는 '보수사회'

실제로 '사회적 출생'이라는 표현은 학력사회의 부정적 측면을 드러내기 위해 일본 연구자들에게 자주 인용되었다. 학력사회 연구의 권위자 아마노 이쿠오天野郁夫는 조사단이 방문한 지 7년 후(1977년) 다음과 같이 썼다.

> 노르웨이의 사회학자 갈퉁에 따르면 일본에서는 "생물학적 출생 후에 사회적 출생이 일어난다". 사람들이 어느 사회계급에 속하는가는 집안이나 혈통이 아니라 어느 학교에 들어가 교육을 받는가에 따라, 결국 어떤 학력을 획득하는가에 따라 결정된다. 더구나 일본의 경우 입학은 틀림없이 졸업(학력취득)을 의미하기 때문에 '어느 계급에 속하는가는 각 (교육) 단계의 입학시험으로 결정된다'는 것이다. 이렇게 '학력주의'가 지배하는 사회에서는 격렬한 입시경쟁이 일상화되며, 입학시험에 의한 '사회적 출생'의 결과 획득된 학력은 '속성'이 되고 '신분'이 되어 사회생활의 구석구석까지 지배력을 미치게 되는 것이다(161).

학력사회의 부정적 측면을 강조하는 논의가 거의 '상식'이 된 시대였다. 그런 시대에 학력취득=입시합격에 따른 사회적 '재탄생'이라는 사태는 학력사회라는 '병리'의 근원을 가리키는 것으로 받아들여지고 거듭 강조되었다. 재탄생이 입학시험이라는 한 시점에 집중되는 것을 근거로 그것이 교육을 입시교육으로 왜곡시킨다고 비판하는 것이다. 입시교육=나쁜 교육이라는 등식을 자명한 것으로 받아들이고 그 원흉이라 할 수 있는 학력사회를 차가운 시선으로 봄으로써 '사회적 출생'이라는 지적을 부정적인 사태를 가리키는 것으로 해석하는 것이다.

그런데 과연 학력취득을 통해 재탄생한다는 것에 적극적인 의미는 없을까. 또 그러한 인식 안에 교육과 사회를 바라보는 인식틀의 '일본적' 특질이 드러나는 것은 아닐까.

재탄생이 가능한 사회 · 재탄생이 불가능한 사회

앞서 인용한 부분에 뒤이어 아마노는 다음과 같이 지적한다.

> 일본에서는 갈퉁이 '사회적 출생'이라 했듯이 학력취득의 기회가 사실상 일생에
> 한 번밖에 없다. 고교입시, 대학입시 등 각 단계에서 어느 학교에 입학하는가에 따
> 라 모든 것이 결정된다. 그에 비해 미국에서는 졸업 순간까지 아니 졸업 후에도 기
> 회가 어느 정도 열려 있다. 대학 간에, 대학과 대학원 간에, 또 직업과 교육 간에 이
> 동의 자유가 제도적으로 인정되기 때문이다. 다시 말해 미국에서 사람들은 '재탄
> 생生れなおす'할 수 있는 것이다(162-163).

이어서 아마노는 실제로는 일본과 미국의 차이를 강조하기보다 공통
점을 지적하는 데 역점을 두어 논의를 전개한다. 그의 논의는 오히려 일
본만이 학력사회라는 견해가 '상식'이었던 시대에 이제는 선진산업사회
에서 정도의 차이는 있어도 모두 학력이 사회적 지위를 결정하는 중요한
역할을 담당하고 있고, 따라서 일본만이 학력사회인 것은 아니라는 것을
강조했다는 점에서 시대적 의미가 있다.

그러나 여기서 주목해야 할 것은 오히려 다른 사회와의 차이점이다.
'사회적 출생'이라는 것이 학력의 취득에 따른 재탄생을 의미한다면 동시
에 그것은 거꾸로 학력을 취득해도 재탄생할 수 없는 사회도 있다는 의
미가 아닐까. 아마노는 미국에서는 이동의 자유가 제도적으로 인정되고
있어 '재탄생'의 기회가 일본 이상으로 많다고 지적한다. 그러나 과연 미
국에서 진정한 '재탄생'이 가능할까. 나아가 다른 선진사회는 어떨까.

실제로 높은 학력을 취득하는 것만으로는 '재탄생'이라 할 정도의 변신
을 거두기는 어려운, '출생'에 의한 각인이 강한 사회가 존재한다. 영국이

그 전형일 것이다.

영국의 소설이 즐겨 주제로 삼는 것의 하나는 요행히 그래머 스쿨이나 대학에 들어갈 수 있었던 노동자계급 자식들의 비극이다. 노동자계급 출신이지만 능력이 있었기 때문에 장학금을 받아 상급 학교에 진학할 수 있었던 소년들—'장학금소년'으로 불리는 그들—이 중간계급 소년들과 섞여 어떤 학교생활을 하는가. 고이케 시게루小池滋는『영국류 입신출세와 교육英國流立身出世と敎育』(岩波新書)에서 광부의 아들로 태어난 영국 소설가 로렌스D. H. Lawrence가 자서전에서 "나는 고교를 떠나며 기뻐했던 것과 마찬가지로 대학을 떠나면서도 기뻤다. 학교는 인간과의 살아 있는 접촉이 아니라 단지 환멸을 의미하는 데 지나지 않았으니까."라고 쓴 문장을 인용한 후 장학금소년들의 비극을 다음과 같이 말한다.

> 본래 자신이 속해 있고 뿌리를 내린 계급에서 벗어나 한 단계 위의 장소로 이동함으로써 자신의 뿌리가 잘리고 의지할 곳을 잃어버린 것 같은 불안함에서 불쾌한 감정에 휩싸이며 그것이 모종의 양심의 가책이 된다. 자신의 계급을 배반하고 탈주했다는 죄의식이다. 학원이라는 것은 일반 사회와 달리 순수한 우정을 통해 맺어질 수 있는 성역일 거라 기대했던 소년은 앞의 인용에서도 알 수 있듯이 '살아 있는 접촉'이 없는 현실에 고통받는 '환멸'을 맛보았을 뿐이다(182).

계급제도가 명확한 영국사회에서 계급이라는 '출생'의 각인을 없애는 것은 쉽지 않았던 것이다.

사회적 유동성이 높은 '자유의 나라' 미국에서조차 교육에 따른 '재탄생'은 그다지 간단하지 않다. 분명 백인으로 태어난다면 부모가 어떤 계급이더라도 높은 학력을 취득함으로써 사회적인 재탄생을 하기에 비교적 용이하다. 그러나 흑인이나 히스패닉 등 인종적 소수집단의 경우는 어떨까. 그들은 높은 학력을 얻음으로써 간단하게 '재탄생'할 수 있을까.

이 점에 관해서도 미국의 연구는 재탄생이 그렇게 쉽지 않다는 것을 우리에게 보여 준다. 소수집단 아동의 학교성적이 낮은 이유는 무엇일까. 또 고교 중퇴자가 많고 대학 진학률이 낮은 것은 어떻게 이해해야 할까. 이러한 질문에 대한 답의 하나는 어차피 대학을 나와도 자신을 기다리는 것은 '차별'이며, 인종차별이라는 현실 앞에서 교육은 무의미하다는 시각이 소수집단 아동 사이에 널리 퍼져 있다는 설명이다.

여기서의 문제는 이러한 설명이 타당한가 여부가 아니다. 학력에 따른 재탄생이 그만큼 간단하지 않다는 생각이 미국 사회에 뿌리 깊게 존재하고 있다는 것 자체가 중요하다. 학력만 취득하면 그 이전의 출생을 지울 수 있는 게 아니다. 교육에 대해 그렇게 낙관적인 기대를 걸지 않을 만큼 피부색이나 언어, 습관 등 출생에 의한 각인이 강렬하며 학력취득으로 그것을 지우기는 어렵다는 것을 이들 예가 보여 준다.

이에 비해 일본에서는 '장학금소년의 비극'은 소설 주제가 되지 못했고 연구 대상도 아니었다. 일본 소설의 비극은 구메 마사오久米正雄의 『학생시대學生時代』나 다야마 가타이田山花袋의 『시골선생님田舍敎師』처럼 오히려 입시의 우울함이나 입시 실패, 실의에 따른 비극을 소재로 한다. 혹은 가난하게 태어났어도 입신출세한 성공담 쪽이 소설이나 드라마 소재가 되기 쉽다. 석공의 아들로 태어나 일고一高와 제대를 거쳐 전시 중에 총리대신에까지 오른 히로타 고키廣田弘毅를 그린 시로야마 사부로城山三郎의 『타오르는 석양落日燃ゆ』 등이 대표적인 예다.

또 가난한 가정에서 태어나 이름을 떨친 입지전적 인물들의 전기를 보아도 영국의 장학금소년처럼 학창 시절의 '비극'을 말하는 경우는 드물다. 출생으로 인한 계층문화의 차이를 지울 정도로 구제 고교를 비롯한 학교의 문화적 동화력이 강했던 것이다. 어쨌건 입시에 성공한 낮은 계층 아동이 출신배경으로 인해 고통을 맛본다는 사태는 영국이나 미국에 비해 일본에서는 소설이나 드라마의 소재가 되지 못했다.

출생의 각인을 탈색시킬 정도로 강렬한 학교에서의 공동생활 세례를 거쳐 새로운 '엘리트'가 배출된다. 누구나 입학시험을 통과하면 이전의 '출생'에서 유래하는 계층문화의 차이로 번민하지 않으며 학교는 문화적으로도 새롭게 재탄생하는 공통의 기반을 제공한다. 바로 갈퉁이 말했듯이 일본인들은 학교에서의 경험과 학력취득을 통해 문화적으로도 사회적으로도 재탄생할 수 있다고 믿었던 것이다.

그런데 사회학 분야에서 학력사회는 통상 "학력이 구성원의 사회적 지위를 결정하는 힘이 상대적으로 큰 사회"(麻生誠, 1991: 27)로 정의된다. 이렇게 정의하면 각 국가가 어느 정도로 학력사회인지를 '객관적'으로 측정할 수 있다. 그리고 국제비교를 하면 일본만이 학력사회라고 할 수는 없게 되는 것이다.

사회학의 계층이동 연구가 보여 주듯이 분명 영국이나 미국에서도 높은 학력을 취득하면 출신계급이나 인종에 의하지 않고 높은 사회적 지위에 도달할 수 있다. 결국 객관적으로 보면 일본만이 두드러지게 학력사회라고는 할 수 없는 것이다(藤田, 1983). 선진산업사회로 불리는 사회에서는 어디나 대체적으로 구성원의 사회적 지위가 본인의 학력수준에 의해 어느 정도 규정되며 일본이 다른 사회보다 그 정도가 극히 높다고는 할 수 없다. 결국 '객관적'으로 조사하면 선진산업사회는 어디나 '학력사회'라 할 수 있다.

나아가 동일한 학력을 지닌 사람들 중에서도 부모의 직업이나 학력에 따라 본인의 사회·경제적 성공이 어느 정도 영향받는지를 조사해 보면 일본만 그 영향력이 작은 것은 아니다. 계층이동의 국제비교연구에서 드러난 바에 따르면, 본인의 학력이 동일한 경우 어떤 부모 밑에서 태어났는가가 그 후의 직업적 지위 획득에 미치는 영향은 일본이나 영국, 미국이 별로 다르지 않았다(石田, 1989). 바꿔 말하면 일본이나 영국, 미국에서도 학력취득에 따른 재탄생은 동일한 정도의 효과밖에는 발휘하지 못한다는 것이다. 그런 의미에서 보면 일본만이 학력취득을 통해 '재탄생'하는 사회라고는 할 수 없다. 적어도 '객관적'으로 측정되는 조사 자료를 비교해 보면 그렇다는 말이다.

분명 사람들의 의식과는 별개로 객관적으로 측정하면 일본도 영국이나 미국과 마찬가지로 어느 정도 학력사회의 측면을 지니고 있다. 나아가 일본만이 다른 사회에 비해 출생의 영향력을 약화시킬 정도로 교육에 따른 재탄생의 힘이 강하다고 할 수도 없다.

그러나 설사 객관적으로는 그렇다 할지라도 보다 중요한 것은 그러한 현실을 사람들이 어떻게 보고 어떻게 해석하는가다. 이 점에서 바로 교육과 사회의 관계를 학력사회로 보는 인식틀이 중요해지는 것이다.

실증적인 사회학 연구가 밝혀 주는 객관적 사실과는 별개로 일본에서는 학력사회라는 사회관이 사람들의 사회인식을 틀지우는 강력한 시각으로 뿌리 깊게 존재했다. 그러한 인식틀에 따라 교육과 사회를 관련지어 파악함으로써 우리의 실제 사회상이 구성되는 것이다.

학력사회 연구의 또 다른 권위자 우시오키 모리카즈는 사회적 출생이라는 갈퉁의 지적을 인용한 후 다음과 같이 말한다.

요컨대, 학력주의하에서는 인생의 한 시점까지 개인이 속한 계급의 결정이 연기
되고 그 기간 동안 전개되는 자유경쟁의 결과에 따라 그 후의 일생을 지배하는 신
분이 결정된다. 결국 개인이 평등하고 자유롭게 경쟁할 수 있는 것은 학력을 취득
하기까지의 시기이며 이 시점까지는 어느 혈통이건 또 재산이 얼마나 되건 완전히
평등한 입장에서 경쟁에 참가할 수 있다(潮木, 1980: 13).

물론 우시오키의 이 논의도 주로 사회적 재탄생이 한 시점에 집중되어
있다는 것, 그 이후에는 재탄생이 어렵다는 것을 강조하며 학력사회의 부
정적 측면을 비판하는 데 역점을 두고 있다. 그러나 이러한 비판은 한편
으로는 학력취득에 이르기까지의 과정은 '어떤 혈통이건, 또 재산이 얼마
나 되건 완전히 평등한 입장에서 경쟁에 참가할 수 있다'는 것을 인정한
상태에서의 비판이기도 하다. 학력취득 이후에 일단 취득된 학력에 기반
하여 이루어지는 '차별'을 비판하면서도 거기에 도달하기까지는 평등한
기회에 기초한 능력주의적 경쟁이 보증된다는 것을 강조하는 것이다. 이
러한 우시오키의 견해는 학력에 따른 '차별'에는 민감하게 거부 반응을
보이면서도 학력취득에 이르는 과정에서 발생하는 사회계층 간의 차이
에는 거의 주목을 기울이지 않는 전후 일본인의 교육관, 사회관의 공통
된 견해를 선명하게 보여 준다. 그런 의미에서 학력사회라는 사회의 인
식틀은 누구에게나 교육에서 경쟁 기회가 열려 있다는 교육기회의 균등
과 학력취득에 이르기까지 경쟁의 공평함을 강조하는 평등관을 포함한
다고 할 수 있다. 그러나 이미 제3장에서 분석했듯이 학력취득에 이르기
까지의 경쟁은 결코 공평하다고 할 수 없으며 교육기회의 균등이라는 것
도 사실에 비추어 보면 환상에 지나지 않았다. 이런 '사실'을 확인할 경
우, 학력사회라는 시각 안에 평등주의와 능력주의가 독특하게 결합되어

있음을 알 수 있다.[1]

한편으로 영국이나 미국처럼 높은 학력을 취득해도 사회적으로 재탄생하기 어려운 사회가 있다. 그에 비해 전후 일본은 높은 학력만 취득하면 혈통과는 무관하게 장래의 높은 지위가 보장된다는 이미지를 만들어 왔다. 이러한 국제비교 시각에 서서 학력사회라는 인식을 다시 바라보면 그로부터 우리는 다른 선진사회에서는 좀처럼 실현되지 않았던 교육과 사회의 관련을 찾아낼 수 있을 것이다.

'시험'이라는 일견 공평무사한 선발장치를 통해 출생의 각인을 소거할 수 있는 사회. 신분이나 계층을 불문하고 많은 사람이 보다 높은 학력을 추구한 것도 일단 시험의 관문을 통과하기만 하면 출신이나 배경보다 학력이 사회적 지위를 결정한다는 이미지가 뿌리 깊게 더구나 광범위하게 존재했기 때문이다. 그런 의미에서 학력사회라는 사회인식은 '다시 태어날 수 있다고 하니 다시 태어나고 싶다'는 사람들의 원망을 강화하고 그 기대를 교육과 학교에 거는 이데올로기로 작동했다.

'학벌과 실력'론

학력사회를 비판하는 학력사회론의 '통설' 안에는 학력사회가 입시경쟁을 격화시킨다는 비판만이 아니라 학력이 '실력'을 반영하지 않는다는 비판도 포함되어 있었다. 입시점수가 높은 대학을 나왔다고 해서 일하는 실력이 있는 것은 아니다, 실력이 없어도 위신이 높은 대학 출신자는 '학벌'을 통해 특권적 지위를 부여받는다, 학력은 일단 취득하기만 하면 학벌學閥에 참가하는 멤버십이 되어 이후 '실력'과는 관계없이 소유자에게 지속적으로 특권을 부여하는 불합리한 것이다는 견해다. 앞서 언급한 '재탄생' 논의도 이러한 학력사회의 비합리성을 전제로 하고 있었다. 학력과 실력이 괴리됨에도 불구하고 청년기의 한 시점에서 이후의 '계급'이 결정되어 버린다는 점에서 학력사회의 불공정성과 불합리성을 지탄하는 입장이다.

전후에 학력사회를 통렬하게 비판해 온 사람들은 주로 우시오키나 아마노를 비롯한 교육사회학자들이었다. 그중에서도 일찍부터 학력사회 비판을 전개해 온 대표적인 논자의 한 사람으로 신보리 미치야新堀通也를 들 수 있다. 신보리를 비롯한 히로시마대학 연구팀은 1960년대부터 학력의 문제점을 예리하게 비판하는 논고를 발표해 왔다. 그 대표적인 논의가 학벌 비판, 학력주의 비판이다. 이러한 학력사회 인식은 그 후 일본인들이 사회를 바라보는 인식으로 널리 확산된 시각의 거의 원형이라 할 만한 것이다. 먼저, 그 논의를 되짚어 보자.

> 학벌이 이렇게 전근대적, 비합리적인 것으로 비난받는 이유는 말할 필요도 없이, 그것이 근대적인 개방사회의 원리와 모순되는 것으로 간주되기 때문이다. 결국 근대사회가 보편주의적인 업적 본위의 사회라면 인간은 능력이나 노력, 실력에 따라 평가되어야 하고 또한 인간과 인간의 관계도 민주적이 되어야만 한다. 그런데 학벌은 동일한 학교 출신이라는 것만으로 실력이나 업적과는 관계없이 소속원에게 유리한 기회나 평가를 부여하며 소속원 이외의 사람들을 배척한다. 더구나 소속원 상호 간의 인간관계는 폐쇄적인 상하관계적, 나아가 가족주의적, 온정주의적 성격을 띠게 된다. 근대적이어야 할 사회에 잔존하는 전근대적인 것, 개방적이어야 할 사회에 잔존하는 폐쇄적인 것, 합리적이어야 할 사회에 잔존하는 비합리적인 것. 이러한 비난은 지금까지 소리 높게 제기되어 왔다(新堀通也 編, 1969: 25).

학력주의란 인간 능력의 평가와 판정, 따라서 기타 지위의 할당이나 대우의 기준으로서 형식, 직함, 상표로서의 학력을 과도하게 중시하는 경향과 관습, 제도로서 이른바 실력주의, 능력주의 원리와 대립하는 것으로 간주되며 그로 인해 생긴 것이 학력신분제다(新堀通也 編, 1966: 16).

학벌은 자기 소속원이 된 사람에게 다양한 특권을 제공한다는 것이다. 그 특권은 소속원이 아닌 사람이 보기에는 폐쇄적이고 비합리적인 '차별'로 비친다. 이미 획득한 지위로서의 학력은 설사 실력을 동반하지 않더라도 우대받는 기회를 제공하는 것으로 간주되기 때문이다.

그런데 학력을 실력과 대립시키는 이러한 견해가 성립하기 위해서는 교육이 본디 실력과 관련될 것이라는 기대가 사회적으로 공유되어야만 한다. 왜냐하면 그러한 기대가 배반당할 때 학력사회 비판의 여지가 만들어지기 때문이다. 그리고 그러한 기대의 조건이 만들어졌다는 전제하에서 비로소 일본사회는 다른 선진사회와는 다른 특질을 지니게 될 것이다.

교육이 실력을 나타낸다는 기대는 일본에 근대교육이 도입되는 과정에서 만들어졌다. 메이지유신 이후 근대학교제도가 일본에 도입되었다. 그 당시 가장 높은 학력을 취득한 사람은 문관이나 기관技官을 포함한 근대 관료였다. 그들이야말로 근대적으로 사회를 경영하는 데 실로 '유용한' 근대적 지식을 익힌 사람들이었던 것이다. 근대교육제도의 도입을 통해 학력이 발명된 초기 시대야말로 학력과 '실력'의 밀월시대였다.

이전의 봉건적 신분 대신에 학교에서 익힌 지식과 기술이 사회에서 평가를 받는다. 이와 같은 것을 대학교 도입 초기에 경험한 사회에서 학력은 본래 실력과 일치해야 한다는 의식이 만들어지는 것이다.

그런데 교육이 직접 직업적 능력과 관련되지 않는다 해도 그것이 교양을 높인다는 점에서 고도의 교육을 받은 사람들은 충분히 존경할 만하다고 보는 교양주의적 시각이 강한 사회도 있다. 이러한 사회의 경우에는 본디 학력이 직업적 실력과 일치해야 한다는 의식은 강력한 지지를 받지 못한다. 예를 들어, 영국처럼 교양교육을 중시하는 사회에서는 높은 학력을 지닌 엘리트들이 직업에 직접 유용한 지식이나 기능을 갖추고 있지 않다고 해서 그 지위를 의심받는 경우는 별로 없다. 그 이유는 본디 교육과 직업적 실력이 직접 관련되어야 한다는 기대 자체가 그다지 강하지 않았기 때문이다.

일본과 동일하거나 혹은 그 이상으로 입시경쟁이 강하다고 하는 한국에서조차 영국과는 맥락이 달라도 고학력자는 실학實學보다는 허학虛學에 가치를 두는 유교적 교양주의의 보호를 받고 있다고 한다. 그 때문에 한국에서는 학력이 높은 사람에 대한 경의의 염이 일본 이상으로 강하다는 것이다. 이러한 교양주의는 학력과 직업적 능력 간의 직접적 관계를 상정하지 않는 의식을 만들어 내며 그만큼 학력=실력 괴리론은 취약해진다.

미국의 '학력사회론'

학력을 능력이나 실력과 대비되는 '속성'으로 간주하여 일단 학력이 취득된 이후 학력에 따른 처우의 차이를 차별과 불평등으로 보는 견해는 학력사회라는 사회인식이 지닌 독특한 평등관 또는 불평등관을 담고 있다. 이 특징은 다른 사회에서의 유사한 논의와 비교해 보면 분명해질 것이다.

이미 언급했듯이 다른 선진사회에서는 '학력사회론'으로 포괄될 정도로 명확한 논의 장르는 존재하지 않는다. 그러나 교육자격credential과 직업능력의 관계를 다룬 연구가 없지는 않다. 미국의 대표적 연구는 분명 교육자격이 반드시 직업수행능력과 관련되지는 않는다는 것을 보여 준다.

교육자격과 직업수행능력 간의 괴리를 가장 철저하게 비판한 미국의 연구는 랜덜 콜린스Randall Collins의 『자격사회Credential Society』(Collins, 1979)일 것이다. 이 책에서 콜린스는 다음과 같은 논의를 전개했다.

왜 미국에서는 보다 많은 사람이 보다 높은 학력을 취득하려 하는가. 교육이 확대된 이유는 고도의 기술과 전문적 지식이 필요한 직업이 늘어났기 때문이라는 통설이 있다. '기술기능주의'로 불리는 견해다. 고도의 기술과 지식을 요하는 직업이 늘어남에 따라 기술과 지식을 제공하는 교육이 사회경제적 지위를 결정하는 중요한 요인이 된다는 것이다. 기술기능주의의 설명은 역시 산업화가 진전된 사회에서는 받아들이기 쉬운 논의다. 그러나 이러한 견해는 사회의 불평등을 정당화하지 않을까. 낮은 학력밖에 갖지 못한 사람들은 그 때문에 낮은 지위를 감수하지 않으면 안 된다. 기술기능주의 시각은 이처럼 기존에 존재하는 계층적 사회질서를 정당화한다. 그런데 교육과 직업의 관계에는 그처럼 기술과 지식을 매개로 한 기능적 관계로 보기 어려운 부분이 있다. 교육의 확대는 오히려 사회 안에서 보다 우월한 지위를 차지하려는 다양한 신분집단 간의 갈등으로 인해 생기는 것이다. 학교는 직업에 유용한 기술과 지식을 가르치는 장이기보다 인종, 민족, 종파 등으로 대표되는 각 신분집단의 문화를 전달하는 장이다.

그런 주장을 제기함으로써 콜린스는 기술기능주의의 현상유지적 이데

올로기를 폭로하려 한다. 콜린스가 교육자격과 직업수행능력의 괴리를 문제 삼는 이유는 그것이 학력취득 이후에 불평등을 일으키기 때문이 아니다. 학력에 따른 차별을 문제 삼는 것이 아니라 누가 높은 학력을 취득하는가를 일단 지적한 다음, 학력과 능력이 반드시 일치하지는 않는다는 점을 비판하려는 것이다. 이러한 시각에서 볼 때, 기술기능주의의 입장은 출신계층, 인종, 성과 같은 생득적 요인에 기반한 불평등이 학력취득 이전에 이미 존재한다는 사실을 은폐하는 것이다. 이 점이야말로 콜린스가 교육자격과 직업의 관계를 문제 삼는 진짜 이유였다. 그런 의미에서 학력취득 이후의 '학력차별'을 문제로 보는 일본의 학력사회론과는 논점이 다르다.

이런 식의 문제설정은 콜린스에만 해당되지는 않는다. 학교는 직업에 쓸모 있는 지식이나 기술을 가르치는 것이 아니라 오히려 계급적 지위에 따라 중간계급 아동에게는 자율성을 특징으로 하는 퍼스널리티를, 노동자계급 아동에게는 순종을 가르치는 식으로 다른 행동 특성을 전달한다는 논리로 교육과 직업의 관계를 다룬 마르크스주의자 볼스[S. Bowles]와 진티스[H. Gintis]의 논의(Schooling in Capitalist America, 일역『米國資本主義と學校教育』宇澤弘文 譯, 岩波書店)에서도 문제의식은 역시 학력취득 이전의 불평등이 어떻게 교육을 통해 정당화되고 재생산되는가 하는 것이었다.

좀 더 거슬러 올라가 교육자격과 직업에 요구되는 능력의 관계를 다양한 직종에 걸쳐 조사한 버그[I. Berg]의 연구(1970)도 교육자격과 직업수행능력의 차이를 발견한 후 결론 부분에서는 학력취득에 이르기까지의 불평등 문제와 관련지어 논하고 있다.

그런데 버그의 이 연구는 후에 미국에서 전국적으로 주목을 끈 고용기회와 인종차별을 둘러싼 재판, 그릭스 사건^{Griggs vs. Duke Power co.} 시에 법정에서 유력한 논거가 되었다. 그릭스 사건이란 듀크사가 종업원 채용에서 하이스쿨 졸업 학력을 조건으로 내건 것이 발단이 되어 일어났다. 학력이 불충분하다는 이유로 채용되지 못한 그릭스 등이 '직무내용으로 볼 때 특정한 학력이 필요하다고 생각되지 않음에도 저학력자를 자격 불충분이라는 이유로 거부하는 것은 차별이 아닌가'라며 회사를 고소한 소송사건이었다. 최고재판소 판결은 "종업원 채용에서 직무내용과 직접 관계가 없는데도 학력을 조건으로 내걸거나 채용시험을 실시하는 것은 이유 없는 차별을 금지한 1964년 「공민권법」 규정에 저촉된다"(天野, 1977: 154)며 원고 측에 승소판결을 내렸다. 그때 버그의 연구가 원고 측을 지지하는 논거로 재판에서 참조되었다고 한다. 이처럼 재판에 유력한 자료로 활용되었다는 것 자체가 미국에서 학력과 직업능력을 둘러싼 문제가 인종 간의 불평등과 관련하여 논의되고 있음을 보여 준다.

이 점은 미국에서 '학력차별'은 인종차별이나 성차별과 관련되는 경우에만 문제가 된다는 점을 시사한다. 학력은 실력을 반영하지 않는다. 그럼에도 학력에 따라 사회경제적 지위가 결정된다. 더구나 그 이면에 학력을 얻기까지의 사회적 불평등이 은폐되어 있다. 높은 학력을 갖지 못한 사람들은 소수집단이나 빈곤가정 출신자 등 사회적으로 혜택받지 못한 사람들이며 학력에 따른 차별로 인해 그들을 더욱 낮은 지위에 묶어 두는 것은 부당하다. 왜냐하면 학력은 기술기능주의의 전제와는 달리 실제로는 실력과 별로 관계가 없기 때문이다. 미국의 학력연구는 학력취득에 이르기까지 '출생'이 어떻게 관련되고 있는가를 문제 삼는 불평등 문제를 연구의 시야에 담고 있었다. 계급이나 인종, 성과 같은 출생에 따른 차별이 학력에 따른 차별과 중첩되는 경우에만 학력과 직업수행능력 간의 분리를 문제 삼는다. 그것이 미국에서 교육자격사회 문제의 핵심인 것이다.

이처럼 미국의 학력 연구의 시야는 특히 사회의 불평등 문제와 관련해 보면 일본의 학력사회론과는 대조적이다. 일본의 학력사회론이 문제 삼는 것은 학력취득 후의 불평등이었다. 일단 재탄생이 끝나 버리면 학력에 따른 차별이 일어난다. 아무리 실력이 있어도 학력이 없는 사람에게 기회가 주어지지 않는다. 그 부당성을 공격하는 논의가 학력사회론이다.

그런데 아마노 이쿠오는 학력사회의 문제를 논할 때 그릭스 사건을 언급하며 일본에서 '학력차별' 실태를 다음과 같이 지적한다.

> 그것*과 그릭스 등이 '학력차별'이라고 고발한 미국 현실 사이에 실질적으로 얼마만큼의 차이가 있을까. 동일한 소송사건이 내일 일본에서 일어나지 않을 거라고는 누구도 잘라 말할 수 없을 것이다(天野, 1977: 155).

그러나 이 예측은 지금까지는 기우에 그친 듯하다. 이 글이 발표된 지 20여 년 가까이 흘렀다. 그런데 이러한 '학력차별' 소송이 일본 법정에 오른 예는 아직 들은 바 없다. 여기서 알 수 있듯이 학력사회론이 문제 삼은 학력에 따른 차별이라는 사태는 학력차별이 인종차별과 겹치기 때문에 문제 삼는 미국의 상황과는 달랐다. 그 때문에 일본에서 학력차별 비판은 법정에서 다툴 만큼 차별의 '부당성'을 보여 주지 못한 채 단지 비판으로 끝난 것이다.

---

* 일본에서 학력에 따른 취직 차별

더구나 학력취득 시의 재탄생이 지나치게 강조된 나머지 학력취득 이전에 어떤 불평등이 개입하는가에는 주목하지 않는다. 그런 의미에서 일본에서 학력사회라는 사회인식은 지금까지 밝혔듯이 일본인으로 하여금 '계층과 교육' 문제에 주목하지 못하게 만드는 인식틀이 되었다고 할 수 있다. 학력취득 이후에 학력차가 유발하는 불평등에 초점을 맞추는 학력사회의 평등관은 학력취득 이전의 불평등에는 무심한 평등주의이기도 한 것이다.

학력사회와 대중교육사회

그런데 학력사회론은 어떤 의미에서 역설적인 논의다. 왜냐하면 학력사회에 대한 비판이 확산되면 될수록 사람들은 학력의 가치를 거듭 의식하여 보다 높은 학력을 추구하려 할 것이기 때문이다.

학력사회 비판을 들은 사람들은 한편으로는 학력사회가 나쁘다고 생각한다. 그러나 다른 한편으로는 자신이나 자녀의 보다 높은 학력을 추구한다. 학력이 실력과 괴리된다는 것, 학력취득 경쟁이 교육을 왜곡시킨다는 것을 한편으로는 비판하고 그러한 학력이 편중되는 사회를 개탄한다. 이런 현실이 변하면 좋겠다고 생각하면서도, 또 한편으로는 좀처럼 변할 것 같지 않아 체념한다. 이 체념이 도리어 사람들로 하여금 보다 높은 학력을 추구하는 경쟁으로 유혹한다. 많은 사람이 이러한 모순된 의식을 공유하고 있다는 것은 여러 조사를 통해 드러난다. 학력사회의 결함을 밝히려는 언설이 결과적으로 학력사회를 보강하는 것이다.

사람들이 사회가 이러한 특질을 갖고 있다고 봄으로써, 달리 말해 사회를 학력사회로 인식함으로써 교육 확대가 일어났다면 그 결과 어떤 사회가 만들어졌을까. 이 문제와 관련하여 ① 교육을 기축으로 한 새로운 계층질서의 형성, ② 학력엘리트의 성격, ③ 교육에서의 불평등 은폐 등 세 가지 점에서 고찰해 보자.

교육을 기축으로 한 새로운 계층질서의 형성

첫째, 학력사회라는 사회인식은 교육이 사회·경제적 지위 획득에 쓸모 있다고 하는 교육의 수단적 가치를 사회 구석구석까지 파급시키는 데 효과적으로 작용했다. 보다 높은 학력, 보다 좋은 학교력學校歷을 취득하기만 하면 '재탄생한다'고 생각하게 만들 정도로 사람들을 교육에 동원하는 힘은 강렬했다. 더구나 학력사회라는 인식은 보다 상위의 지위를 꾀하는 사람들만 교육으로 유도한 것은 아니다. 학력과는 무관했던 사람들도 조금이라도 높은 학력을 획득하는 것이 중요하다고 인식하게 되었다.

이러한 인식은 학력을 취득하면 사회적으로 상승 이동할 수 있다는 '입신출세주의'와 결합된 것만은 아니다. 학력취득이 '안정된' 생활로 이어질 거라는, 사람들의 소박한 생활 원망을 충족시키는 데에도 한 단계 위의 학력이 중요해진 것이다. 그런 의미에서 학력사회라는 사회인식이 사회 구석구석까지 확산됨으로써 교육을 기축으로 한 새로운 계층질서의 기반이 마련되었다고 판단된다.

실제로 교육의 양적 확대가 급속히 전개된 1960년대, 1970년대는 세대

간 계층이동이 '구조적'으로 대폭 발생한 시기와 겹친다. 1960년대가 되자 농림어업과 여타 산업 간의 소득격차가 약 두 배 가까이 확대되었다. 농민층 해체가 가속화되면서 SSM 조사에 따르면 부모에서 자식으로 직업이 세습되는 비율(세습률)은 1960년대, 1970년대에 대폭 저하된다([그림 4-1] 참조). 또 [그림 4-2]가 보여 주듯 농업인구 급감기와 고교 진학률 상승기가 겹친다. 전후 사회가 고도경제성장을 시작하고 이농 인구가 증가

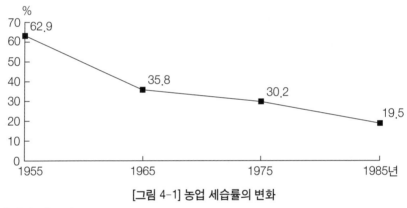

[그림 4-1] 농업 세습률의 변화

출처: 今田(1989).

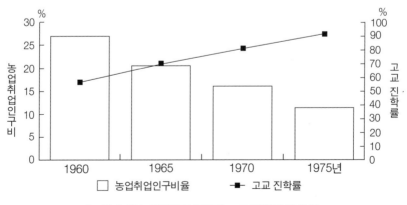

[그림 4-2] 농업취업인구비와 고교 진학률의 추이

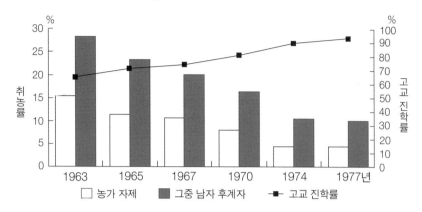

[그림 4-3] 신규 학교졸업 농가 자제의 취농률과 고교 진학률의 추이

주: 자료는 農林統計協會『農林白書付屬統計表』[1976년판. 安藤(1983)에서 재인용] 및 文部省『學校基本調査報告』에서.

하는 시기에 고교 진학률도 대폭 상승한다. 나아가 [그림 4-3]에 따르면 학교를 졸업하고 취업하는 농가 자제들 중에서 농업을 계승하는 사람의 비율이 대폭 감소하던 시기가 고교 진학률의 상승기와 겹쳤다. 신규 학교졸업 농가 자제의 취농률은 1963년에는 15.4%였지만 1970년에 7.4%로 대폭 감소했다. 남자의 직업 계승만 보더라도 이처럼 농업을 계승하지 않는 사람들이 점차 의무교육보다 한 단계 위의 학력을 취득함으로써 새로운 직업지위로 이동했다. 일정한 시간 지체는 있지만 이농 혹은 겸업화를 추진한 농가의 자제가 점차 고교로 대량 진학하게 된 결과 고교 진학률이 상승한 것으로 보인다.

이 시기의 농민들은 학력과 교육을 어떻게 보았을까. 1960년대 전반 지바현을 사례로 신규 학교졸업자의 진로 상황을 조사한 이토 산지伊藤三次 (1963)는 농민층이 보는 학력의 의미 변화를 다음과 같이 밝히고 있다.

중규모 농가의 어느 주부는 교육을 다음과 같이 보았다.

두 아이를 고교에 보내고 있지만 집안 살림은 어렵다. 농사만으로는 아주 빠듯한 생활이지만 앞으로 5~6년간은 어려워도 견뎌 내겠다. 농사를 짓건 사회에 나가건 모든 게 힘들어졌으니 교육시키지 않으면 안 된다. 밖에 나가 일할 애들(차남, 삼남이나 딸)은 고교를 안 나오면 아무것도 할 수 없을 것이고, 남아서 농사를 짓는다 해도 마을에서 체면이 서지 않고 다른 사람들에게 이야기할 수도 없다. 고교 교육은 상식이다.

조청공장에서 겸업하는 빈농 남성은 다음과 같이 말했다.

이제 사람들한테 고교는 보통교육이다. 부모는 시대에 뒤떨어진 인간이지만, 가계가 허락하는 한 아이들은 전부(6인) 고교에 보내고 싶다. 고등학교만 마치면 취직 등은 본인이 알아서 할 테지. 보통교육이니까 거기까지 시키고 나면 뭐라도 되겠지. 이런 생활에서 벗어나야 하잖아[농기구를 무리해서 가능한 한 줄이더라도 식생활과 교육(만을 생각한다는 말)].

마을의 제재공장 노동자로 겸업하는 소규모 농가의 남성은 안정된 겸업 일거리를 찾기 위해서라도 고졸 정도의 학력이 필요하다고 보았다.

부모건 아이건 농민은 그만두고 싶다. 어차피 농사를 지으려 해도 땅도 없으니까. 그렇다고 집을 떠나도 곤란하다. 다소간 힘들겠지만 고교를 나오면 근처에 통근할 수 있는 (안정적으로 겸업할 수 있는) 곳이 있을 거다. 이제는 고교를 안 나오면 별로 좋은 직업도 없으니 차남은 몰라도 장남은 고교로 보내야지.

우편국에서 안정된 겸업을 하는 사람은 '사회'의 학력중시 상황을 다음과 같이 말했다.

학력에 따라 초임에서부터 퇴직수당까지 달라지니 학교는 나오게 하고 싶다.

이러한 면담조사 결과를 바탕으로 이토는 1960년대 초엽 농민의 교육 관을 다음과 같이 정리한다.

> 어쨌든 지금 농민들은 여러 면에서 사회가 변화한 것을 보면서 교육에 가치를 매기고 자녀를 안정된 생활계층으로 만들려 애쓰는 것으로 보인다. 그러한 현실이 고교 교육을 상식으로 받아들이는 사회적 분위기를 형성한다. 농민들이 '부모는 어떻게든 살아갈 테니까.'라며 상당히 무리하게 가계를 긴축하면서까지 교육비를 부담하는 실태가 자주 나타나는 것도 이 때문이다.

농업은 부모 대에서 그친다. 자식에게 땅을 물려주는 대신 고교에 진학 시킨다. 고교만 나오면 '회사원'으로서 안정된 생활을 할 것이다. 산업구 조가 크게 변화하던 시기에 교육을 통한 '재탄생'을 기대한 결과로 교육 의 양적 확대가 달성된 것이다.

이러한 산업구조의 변화와 진학률 상승 간의 관계는 다른 조사연구를 통해서도 확인할 수 있다. 후지타 히데노리藤田英典는 「사회계층과 사회이 동(SSM) 조사」 자료 분석을 통해 부친의 직업별 아동의 학력과 직업성 취(어느 직업을 갖는가) 간의 관계를 조사했다(藤田, 1990). 그 결과에 따르 면 부친이 농업을 하는 남자의 경우, 전문직 부모를 둔 남자 다음으로 학 력과 직업성취의 관계가 강하다는 것이 드러났다. 어느 직업을 가진 부 모 밑에서 태어나건 아동이 취득한 학력에 따라 어느 직업을 갖게 될지 가 어느 정도 규정된다. 다만, 농업 출신자의 경우 학력의 결정력이 다른 계층 출신자에 비하여 비교적 크다는 것이다. 후지타에 따르면 이는 농 업이 점차 축소되는 산업이었고 농가 자제들이 교육을 이용해 농업 이외 의 직업으로 나갈 필요성이 있었기 때문에 나타난 사실이다. 바꿔 말하면 산업구조가 변화되는 과정에서 농업 출신자가 교육을 통해 사회적으로 재탄생하는 경우가 많았다는 것이다.

또 제3장의 〈표 3-18〉에서 알 수 있듯이 어느 현의 쇼와 20년대와 40년대를 비교한 하타 마사하루의 연구결과를 재집계해 보면 고교 진학자 상승률이 가장 높았던 집단은 농림어업 출신자였다. 두 시기에 고교 진학률은 전체적으로 50%에서 80%로 증대되었다. 그런데 농림어업 출신자만 보면 고교 진학률은 쇼와 20년대의 35%에서 쇼와 40년대에는 82%로 상승폭이 전체 집단 이상이었다.

60년대 초엽까지는 이농 농가의 자제들이 의무교육을 마친 시점에서 노동자가 되어 도시로 '유입'하고 있었다. 그런데 60년대 후반이 되면 고교로 흡수된다. 전국 수준 통계를 보면 1968년에는 농림업 가정 아동의 고교 진학률이 72.2%로까지 상승한다. 전국 평균 80.6%에는 미치지 못하지만, 그럼에도 이는 농민층이 고졸 학력을 중시한 결과다.

직업구조의 변화를 초래한 큰 요인의 하나는 주요 노동력 공급원인 신규 학교졸업자의 취업동향이었다. 농민에서 회사원 또는 노동자로, 부모의 직업을 버리고 교육을 통해 다른 직업으로 취직한다. 자식 세대가 교육을 수단으로 삼아 사회적 지위를 변화시킨다. '엘리트'로의 재탄생만이 아니라 교육을 통해 말 그대로 사회적으로 '재탄생'하는 사람들이 대량으로 나타난다. '입신출세=사회적 상승이동'이라고는 할 수 없는 경우를 포함해 교육을 매개로 한 세대 간 직업이동이 대량으로 그리고 구조적으로 일어난 것이다.

이 시기는 또한 학력사회라는 사회인식이 사회 구석구석까지 침투한 시대이기도 했다. NHK 방송세론조사소의 조사에 따르면 '사회에서 실제

실력 이상으로 학력이 중시되는 경우가 있다고 생각합니까?'라는 질문에
1966년 시점에서 전체의 51%가 '그런 경우가 많다'고 답했다. 여기에 '그
런 경우도 있다'고 응답한 27%를 더하면 80%에 가까운 사람들이 학력이
실력 이상으로 평가된다고 인식했다. 방송세론조사소는 동일한 질문을
1975년에도 반복하여 조사했는데 그 결과도 '그런 경우가 많다'가 49%,
'그런 경우도 있다'가 30%로 여전히 80%에 가까운 사람들이 사회를 학력
사회로 인식하고 있음을 보여 주었다. 국민 대부분이 일본사회가 '학력사
회'라고 인정하고 있었다. 이렇게 해서 학력취득 경쟁의 대중적 기반, 즉
교육 세계에서 업적주의의 대중화가 준비된 것이다.

이처럼 국민적 규모로 인정된 학력사회라는 사회인식에 이끌려 교육의
확대와 산업구조의 변화가 거의 동시에 진행되었다. 이 점은 전후 일본
의 농민층이 분해되는 과정에서 학력사회라는 사회인식을 바탕으로 새
로운 계층질서가 만들어졌음을 의미한다. 교육을 기축으로 하여 새로운
직업계층 편성이 이루어졌다. 산업구조의 대전환을 촉진하는 데 학력사
회라는 사회인식이 중요한 역할을 담당했다고 볼 수 있는 것이다.[2]

입시엘리트로서의 학력엘리트

둘째, 교육의 양적 확대는 이처럼 이농한 사람들을 포함하여 교육을 통
해 '재탄생'을 경험하는 사람들의 확대를 의미했다. 보다 많은 사람이 보
다 오래 교육을 받게 된다. 그 결과 출신계층의 문화에서 벗어나 학교 경
험을 통해 형성된 공통의 문화적 기반이 대중적 규모로 확대되어 간다.

　교육을 통한 재탄생. 그것은 사회적으로는 학력을 통해 새로운 사회적 지위=신분status을 획득하는 것이며, 문화적으로는 학교문화를 통해 새로운 '신분문화status culture'를 획득하는 것이다. 더구나 이미 언급했듯이 중간계급문화가 학교문화와 중첩되는 유럽의 학교에 비하면 일본의 학교에서 가르치는 문화는 특정한 계층이나 신분집단이 점유하는 문화와 겹치지 않는, 학교라는 장에 독자적인 '중립적' 문화였다.

　물론 각인되는 학교문화는 학력 단계나 학교력에 따라 약간 차이가 있다. 그러나 공통의 학교 경험과 입시경쟁 속에서 재탄생한 많은 일본인은 계층 간의 경계가 뚜렷하게 그어질 만큼 뚜렷한 신분문화를 만들어내지는 않았다. 유럽이나 미국의 엘리트 스쿨과는 달리 문화의 각인이라는 점에서 일본의 학교에는 명확한 계층성이 보이지 않았다.

　그런데 학력사회론의 관점에서 보면 입시교육은 '쓸모없는' 지식을 '암기'하는 것으로 일관한다. 그리고 네 시간 자면 합격할 수 있지만 다섯 시간 자면 떨어진다는 이른바 '사당오락四當五落'이란 말처럼 입시에서 성공하기 위해서는 무엇보다도 '노력'과 '근면'이 중시되었다. 학력사회론은 이러한 입시교육의 무의미함을 비판해 왔다. 그런데 다른 각도에서 보면 이런 식으로 교육과 사회를 관련짓는 시각은 어떤 출신 계층에게나 노력하면 입시에서 성공하여 높은 학력을 얻고 사회적으로 재탄생하는 기회가 동등하게 열려 있다는 것을 강조하지 않았을까. 일본의 경우 교육기회는 제도적으로 열려 있을 뿐만 아니라 문화적으로도 모든 계층에 개방되어 있다는 생각이 확산되어 있었다. 그리고 학력사회라는 사회인식은 교육기회가 이렇게 이중적으로 개방되어 있다는 인상을 주는 시각을 제공한 것이다.

다른 한편으로 학력사회라는 사회인식은 그 속에서 태어나는 엘리트들의 지위를 특징지었다. 학력취득 경쟁의 승패를 가르는 기준은 '입시학력'이다. 그 내용은 '쓸모없는', '암기한' 지식이라는 것이 통설이다. 학력사회론의 이런 시각에는 학교에서 획득된 문화가 어느 계층문화로부터도 분리된 '중립'적인(그리고 그다지 가치가 없는) 문화라는 뉘앙스가 담겨 있다. 그리고 어느 계층이나 집단의 것이 아닌 학교가 만들어 낸 문화를 보다 빨리 효율적으로 익힌 사람이 학력사회의 승자가 된다.

그러나 바로 그렇기 때문에 이들 승자에 대한 상찬은 노력이나 근면 또는 '좋은 머리'를 평가하는 것이기는 해도 '교양'이나 '학문'을 익힌 사람에 대한 상찬과는 분명 다른 종류의 것이 되었다. 학력사회라는 사회인식에는 교육을 통해 획득된 문화의 가치를 '입시학력'으로 일단 폄하하며 보다 가치 있는 '교양'이나 '학문'으로는 간주하지 않는 시각이 담겨 있었다. 심지어 학력과 실력의 괴리를 문제 삼는 시각에서 볼 때는 교육을 통해 획득된 지식은 사회적 유용성을 지닌 전문적 지식도 아니라는 시선까지 담겨 있었던 것이다.

이렇게 학력사회에서 성공한 사람을 '입시엘리트'로 보는 시각은 전후 일본의 엘리트들에게 여타 사회와는 다른 위치를 부여했다. 동일하게 교육을 통해 사회적으로 높은 지위에 도달한 경우라도 몸에 익힌 '교양'이나 전문적 지식을 통해 엘리트로서의 지위를 주장할 수 있는 다른 나라에 비해 일본이라는 학력사회의 엘리트들에게는 부여된 선량elite으로서의 기반은 매우 취약했다.

동일하게 업적주의적인 경쟁이라도 승리하기까지 익힌 문화의 측면에서 일본과 다른 선진산업사회는 크게 다르다. '교양'도 '전문적 지식'도 아

니라면 무엇인가. 업적주의의 대중화란 누구나 업적주의적 경쟁에 참가
한다는 상태에 그치지 않고 거기서 다투는 업적의 내용 자체가 대중화되
는 것이기도 했다.

대중과 엘리트를 가르는 것은 누구나 접근할 수 있고 더구나 그 자체는
별로 가치가 없는 것으로 간주되는 '입시지식'이 많은가 적은가 하는 것
이다. 그것은 설사 좋은 머리나 노력을 반영할지라도 그것만으로는 하나
의 사회층을 구성하는 데 충분한 문화적 기반을 제공할 수 없다. 일부 점
수가 높은 대학이 특유한 학생문화를 만들어 낸다고는 하지만 그것은 대
중소비문화에 간단하게 포섭되어 버릴 정도의 문화에 불과했다. 그런 의
미에서 학력사회는 학력엘리트들이 실체적 내용을 지닌 교양이라는 문
화의 공유로 엮여 신분집단화하는 것을 저해한다고 할 수 있다. 학력사
회의 엘리트들은 문화적으로는 스스로를 대중과 구별할 수 있는 방법을
지니지 못한, 대중의 연장선상에 있는 성공자로 간주된 것이다.3)

사회를 학력사회로 보는 일본인에게 익숙한 인식이 엘리트에 대한 이
러한 인식을 만들어 내고 확산시켰다. 사람들은 이와 같은 시각으로 학
력엘리트를 바라볼 뿐만 아니라 학력엘리트들 자신도 스스로를 이런 시
각으로 바라보게 된다.

사람들은 교육을 통해 탄생한 엘리트들을 대중과 뚜렷이 구별되는 하
나의 사회계층으로는 보지 않는다. 교육을 기축으로 새롭게 탄생한 계
층질서는 그 상위에 자리하는 사람들을 문화적으로 통합된 집단으로 구
획하지 못한다. 계층문화를 용해시켜 문화적으로 사회의 대중화를 추진
함으로써 학력사회는 문화적 선량이라 할 수 없는 엘리트를 만들어 내는
데 성공한 것이다.

이렇게 뚜렷한 신분문화(=엘리트로서의 아이덴티티)를 형성하지 못했기 때문에 오히려 기업조직 내부의 통합성이 높아지고 신분적 갈등이 희박해질 수 있었다. 나아가 다른 사회라면 학력에 어울리지 않는다며 경원시될 만한 직업에도 고학력자들이 주저 없이 취업할 수 있게 되었다. 1970년대 전반에 접어들어 일본에서도 고학력화가 진전됨으로써 학력과 직업의 불일치가 야기되는 것이 아닐까 하는 우려는 있었다. 그러나 그런 점은 크게 사회문제가 되지 못했다. 예전에는 고졸자가 하던 일에 대졸자가, 혹은 중졸자가 하던 일에 고졸자가 취업하는 학력 간 대체고용이 순조롭게 진행되었다. 학력엘리트의 계층문화적 기반이 취약했기 때문에 노동력의 재편성이 고학력화와 동시에 큰 마찰을 일으키지 않은 채 진행될 수 있었던 것이다.

숨겨진 불평등-학력취득 이전과 이후의 차별

셋째로, 학력사회라는 사회인식은 사회의 불평등 문제가 어떻게 구성되는가 하는 점과 관련되어 있다. 이미 언급했듯이 학력사회 비판에서는 학력에 따른 차별을 문제 삼았다. 학력사회에서는 입시를 통해 '재탄생'이 가능하다. 그런데 그 이후에는 일단 취득한 학력에 따라 불평등이 발생한다는 것이다. 학력사회를 비판하는 사회인식은 학력에 따른 차별의 '불공평'을 불평등 문제의 중심으로 간주한다. 그러나 그로 인해 학력취득 이전에 발생하는 불평등을 문제의 시야에서 지워 버리는 효과가 발생했다.

지금까지 밝혔듯이 학교에서 어떤 성적을 거두는가, 어느 수준의 학력을 취득하는가는 일정 부분 '출생'의 영향을 받는다. 어떤 부모 밑에서 태어났는가에 따라 학교 성적이나 어느 유형의 고교에 진학하는가, 대학에 진학할 수 있는가 등이 어느 정도 규정되는 것이다.

그런데 불가사의하게도 학력사회를 비판하는 논조 안에는 학력취득 이전의 이러한 불평등을 문제 삼는 경우는 거의 보이지 않는다. 때로 사회학자들이 학력사회에 관해 논할 때 교육기회의 불평등을 지적하는 논의가 포함되는 경우가 없지는 않았다. 그러나 일반의 논조에서는 학력취득 이후의 불평등을 중심으로 하여 학력사회의 문제를 다루어 온 것이 분명하다. 학력사회라는 인식이 광범위하게 확산되는 과정에서 사람들이 교육에서의 불평등을 주로 학력취득 이전보다는 취득 이후의 문제로 보는 시각이 확산되는 결과가 빚어졌다.

그런데 이 문제를 그렇게 단순하게만 볼 수는 없다. 학력사회라는 시각을 통해 학력취득 후의 학력차별을 문제 삼은 결과, 학력취득 이전의 불평등은 문제가 되지 않았다고 할 정도로 그렇게 단순하게 결론 내려서는 안 된다는 것이다.

먼저, 학력차별이 문제시되기 시작한 시대적 배경을 고찰할 필요가 있다. 학력이 실력을 반영하지 않는다, 실력이 있어도 학력이 없어 기회가 주어지지 않는다, 학력에 따른 차별이 엄연히 행해지고 있다 등의 학력사회 비판이 크게 고조된 것은 1960년대에 들어서면서부터다.

앞서 인용한 신보리의 『학력-실력주의를 저해하는 것學歷-實力主義を阻むもの』이 출판된 해가 1966년이다. 이 무렵(1965년), 생산연령인구(15~64세)의 학력구성을 보면 64%가 초등교육 이하의 학력소지자이고 중등교육 수료

자는 약 30%, 고등교육 수료자는 6.5%에 불과했다(文部省, 1969: 254). 대
다수가 높은 학력을 획득하는 데 이르지 못한 시대였다.

더구나 이처럼 낮은 학력 소지자 중에는 학업능력 이외의 경제적 이유
로 상급학교에 진학하지 못한 사람들이 다수 포함되어 있었다. 1964년에
도쿄, 오사카, 히로시마, 오키나와의 공립중학교 학생의 부모 2,512명을
대상으로 실시한 신보리의 조사에 따르면 구제 소학교 또는 신제 중학교
밖에 나오지 못한 사람들 중 '상급학교에 진학하지 못한 이유'로 '능력은
있는데 경제나 가정 사정으로 갈 수 없었다'고 답한 사람이 59.5%를 점
했다. 또 구제 중등학교, 신제 고교 졸업자의 경우에도 마찬가지 응답이
62%에 달했다(新堀, 1967: 37).

이처럼 사람들이 직장에 다수 취업하던 시대는 동시에 젊은이들이 상
급학교로 대거 진학하기 시작하던 시대와 겹쳤다. 교육을 받는 것이 당
연시되며 보다 높은 학력을 획득한 젊은이들이 직장에 들어간다. 이런
시대에 예전에 경제적 이유나 가정 사정으로 충분한 교육을 받지 못했던
사람들이 직장에 이미 다수 존재하고 있었다. 바로 이들이 학력과 실력
의 괴리를 비판하고 학력에 따른 차별을 비난하는 논조를 받아들이기 쉬
웠을 거라는 점은 충분히 추측할 수 있다. 동시에 이런 사람들이야말로
학력을 취득하기까지의 불평등을 몸으로 느낀 사람들이기도 했다. 결국
학력취득에 이르기까지의 교육 불평등을 체험한 사람들이 학력취득 후
의 학력에 따른 차별을 개탄한 것이다. 따라서 학력취득 후의 차별을 문
제 삼는 것은 많은 경우 그대로 학력취득 이전의 불평등을 문제 삼는 것
과 겹쳐 있었다. 그런 만큼 학력차별 비판은 학력취득 이전과 이후를 연
결하는 결절점을 실체로 하고 있었다고 할 수 있다.

그런데 1970년대, 1980년대에 교육기회의 급속한 확대와 함께 일본사회의 학력구성도 크게 변화했다. 그와 함께 경제적 이유나 가정 사정으로 상급학교 진학을 단념할 수밖에 없었던 사람들의 수도 급속히 감소했다.

그럼에도 학력에 따른 차별이라는 불평등 문제에의 시선은 1970년대, 1980년대에 들어서도 1960년대와 마찬가지로 학력취득 이후의 차별에 그대로 고정되어 있었다. 학력취득 이전의 불평등과의 결절점을 벗어난 이후에도 여전히 학력취득 이후의 차별을 문제 삼는다. 이제는 학력에 따른 '차별'이 참으로 부당한 차별인지조차 애매해지게 되었다. 학력차별의 부당성은 능력 이외의 요인으로 인해 진학할 수 없었던 사람들이 학력에 따라 차별당한다고 하는 문제는 아닌 것이다. 1970년대 후반 이후는 오히려 학력취득 경쟁이 일으키는 입시교육의 부당성을 축으로 하여 학력차별 문제를 교육에서의 능력차별을 비판하는 시각에서 파악하는 쪽으로 전화하는 듯하다.[4] 그 결과, 학력사회라는 사회인식하에서 문제의 시선을 학력취득 이전에 발생하는 교육의 불평등 쪽으로 돌리기가 어려워지게 되었다.

더구나 그러한 곤란함은 앞서 언급한 바 학력엘리트와 계층문화의 관련 문제와 얽히면서 보다 복잡한 양상을 노정하게 된다. 학력사회라는 인식하에서 학력사회의 엘리트들은 문화적 기반이 취약하기 때문에 확고한 신분문화, 신분집단을 형성할 수 없는 존재로 간주된다. 그 원인은 학력엘리트의 선발에 활용되는 문화의 내용에서 유래한다.

어떤 계층의 문화도 아닌 '중립'적인 문화. 학교에서 전달되는 문화를 그렇게 보는 한 그러한 문화에 접근하는 길은 어느 계층에게나 동등하게 열려 있는 것처럼 보인다. 접근을 막는 것이라면 그것은 늘 경제나 가정

사정과 같은 요인으로만 파악되었다.

이미 제3장에서 살펴보았듯이 일본에서 교육기회의 불평등이 문제가 되는 경우 대체적으로 경제적 저해요인을 중심으로 생각했다. 부모의 격려 정도와 그 방식, 가정의 학습환경 등과 같은 문화적 요인이 문제시되는 경우도 있었지만 교육에서의 불평등 원인으로는 오히려 경제적 문제를 중시하는 쪽이 많았다.

예를 들어, 문부성이 최초로 고교 진학기회와 가정 배경 간의 관계를 본격적으로 알아보는 조사를 행하고 그것을 근거로 교육정책 제언을 행한 중앙교육심의회중간보고『일본 교육의 발자취와 금후의 과제わが国の教育のあゆみと今後の課題』(1969)에서는 교육기회에 관해 '금후 개선방책을 검토해야 할 문제점으로서' 다음과 같이 코멘트하고 있다. 즉, "저소득이 고등학교 진학을 저해하는 점을 고려할 때 적절한 장학제도 방식에 관해 재검토할 필요가 있다"(55). 이처럼 계층(=재력) → 진학기회라는 관점에서 교육기회의 문제를 인식하려는 시각이 주류였던 것이다.

사회가 풍요로워짐에 따라 학비 등 직접 비용의 지불 여부와 같은 경제적 장애가 서서히 사라진다. 그럼에도 여전히 경제적 불평등이 교육 불평등을 논하는 경우에 기점이 된다. 학비 대신에 이번에는 학원에 보내는 비용, 가정교사 고용 비용 등의 면에서 간접적인 교육비가 아동의 성적을 좌우하는 요인으로 간주된다. 이러한 시각은, 예를 들어 임시교육심의회(임교심)의 답신이나 제14차 중교심 답신에도 담겨 있다.

프랑스나 영국처럼 교육에서 선발 기준 자체가 계층문화와 분명히 관련되는 경우에는 문화를 통해 형성되는 교육 불평등에 주목하기 쉽다. 출생과 양육으로 인한 문화의 차이가 학교에서 성공을 좌우한다는 것은 계층문화와 학교문화 간의 연속성을 확인함으로써 알 수 있기 때문이다. '문화재생산론'으로 불리는 이론이 이들 국가에서 나타난 것도 그런 이유에서다.

그에 비해 일본사회의 경우, 학교문화와 계층문화 간의 연속성은 훨씬 확인하기 어렵다. 이미 언급했듯이 학력사회라는 학교와 교육 인식은 오히려 양자 간의 불연속성을 강조하는 시각이었다. 입시지식에의 접근은 어느 가정에서 태어나건 본인의 노력이나 학원, 가정교사 등 학교 외의 교육을 통해 충분히 가능하다. 입시경쟁에서 이기기만 하면 누구에게나 학력엘리트가 되는 길이 열려 있다. 학력사회라는 사회인식은 학교에서 성공이 어느 특정한 계층 출신자에게 유리하게 일어난다는 시각을 부정하는 것이다.

학력사회가 진전되어 가면서 계층문화의 차이를 보기 어려워진다. 더구나 학교문화 자체도 계층적으로 중립적인 것으로 간주된다. 그 결과 교육에서 불평등을 인식하는 일본인의 시선은 학력차별, 학력에 따른 불평등으로 향하게 되었다. 이처럼 학력사회라는 사회인식은 학교에서 성공의 문화적 중립성을 강조하는 시각을 확산시키고 강화시키며 따라서 학력취득 이전의 불평등을 보기 어렵게 만들었던 것이다. 그 한 귀결이 전후 일본의 대중사회화의 진전이었다.

제5장

'능력주의적 차별교육'의 역설

고교 입시가 끝나면 즐겁게 놀고 공부에서 해방되어 여유로워질 거라 생각했다. 그런데 원하는 학교에 입학해서 좋기는 했지만 기분이 개운치 않다. 그 이유 중 하나는 고등학교에 입학한 후 일부 과목에서 능력별 반편성을 했기 때문이다. ······(중략)······ 능력별 반편성에 나는 의문을 품고 있다. ······(중략)······ 분명 지금은 학력사회다. 그렇기는 해도 학생을 머리 좋은 순서로 줄 세워 압력을 가하는 방식에는 찬성할 수 없다(『아사히신문朝日新聞』, 1990년 4월 1일 조간, 마치다町田시의 고교생 투서).

질문: 능력별 지도에 대해 그것이 '차별감'을 유발한다는 비판이 있는데 어떻게 보십니까?

답: 스위스에서는 학력이 낮으면 낮은 대로 지도하는 것이 친절한 것이라고 본다는 이야기를 들은 적이 있습니다. 일본의 경우 모두 함께하는 것이 친절하다고 생각하는 게 분명합니다. / 차별감을 수반한다면 이 방법은 마이너스입니다. 이렇게 되지 않도록 학생의 자주성을 존중해야 합니다(『요미우리신문讀賣新聞』, 1988년 2월 8일 조간, 도립고 교장 인터뷰).

마치다의 고교생은 왜 능력별 반편성에 '기분이 개운치 않다'고 생각할까. 능력별 반편성을 실시하는 고교 교장에게 신문의 대담자는 왜 "'차별감'을 유발한다는 비판이 있는데"라고 질문을 던졌고 그 질문에 왜 교장은 "차별감을 수반한다면 이 방법은 마이너스입니다"라고 답했을까.

여기에 공통되는 것은 교육장면에서 능력이나 성적에 근거한 서열화를 기피하는 정서다. 전후 일본사회에서 살아가는 일본인 대부분에게는 분명히 능력이나 학업능력 또는 성적에 따라 아동을 차별적으로 다루는 것을 기피하는 경향이 있다. 학력이나 성적에 따라 아동을 다르게 대하니까 '낙오자落ちこぼれ'나 '비행'이 발생한다고 하는 시각도 일본인 사이에 광범위하게 존재한다. 학력에 따른 서열화, 성적에 따라 다른 처우는 '차별'이며 '나쁜 것'이라고 보는 시각이 이미 '상식'의 일부가 되어 있다.

이러한 교육인식의 가장 뚜렷한 표명은 1974년에 일교조가 당시 일급 교육학자들을 모아서 구성한 교육제도검토위원회의 보고서에서 찾아볼 수 있다.

> 아동을 '성적'에 따라 분류하고, 그 '능력'별로 상하 서열을 매기고, 진학하는 아이와 하지 않는 아이로 나누고, 보통고교와 직업고교로 나누고, 남녀를 차별하고, 심지어 일류고에서 하류고까지 격차를 매기고 선별한다. 그로 인해 아동 사이에 격심하고 차가운 경쟁주의가 생긴다. 이토록 우리나라의 학력사회적 경향은 강하며 학교는 학력學歷 경쟁의 아수라장이 된다. 이런 대세를 교육에서 '능력주의'라 부를 수 있다(敎育制度檢討委員會, 1974: 54).

> 능력주의야말로 오늘날 교육을 황폐하게 만든 원흉이자 교육 제약의 근원이라 할 수 있다(82).

학력에 따른 서열화를 '능력주의'로 간주하고 그러한 교육을 '차별=선별교육'이라 비판한다. 이만큼 뚜렷하지는 않아도 이러한 시각은 우리가 일본의 교육을 문제시할 때 기저에 깔린 인식틀이 되어 있다. 예를 들어, '서열화(혹은 능력주의, 편차치교육偏差値敎育……)가 비행(또는 낙오자, 이지메, 등교거부…….)을 일으킨다'는 식으로. 교육의 장에서 능력이나 성적에 따라 아동을 서열화하는 것을 중대한 교육문제로 간주하는 시각에 우리는 사로잡혀 있다. 그리고 이러한 시각의 배후에 존재하는 것이 앞 장에서 고찰한 '학력사회'다. '학력사회니까 시험 점수나 편차치에 따른 서열화가 일어나고 그러한 서열화가 이지메나 비행을 유발한다…….'라는 방식으로 교육문제의 연쇄를 구성하는 것이다.

그렇다면 '능력주의적=차별선별교육'이라는 인식틀은 어떻게 만들어졌을까. 학력에 따른 서열화를 '나쁜 것'으로 간주하는 시각은 어떻게 만들어졌을까. 이러한 교육인식이 '상식'으로 사람들에게 받아들여짐으로써 전후교육과 사회의 관련에 어떤 특질이 만들어졌을까. 이 장에서는 '능력주의적=차별선별교육'에 내재하는 능력주의와 평등주의의 일본적 결합을 해명함으로써 전후 일본의 대중교육사회 성립 수수께끼를 풀어 본다.

'차별선별교육'에서의 '차별'

분명 우리는 학생을 학력이나 성적에 따라 다르게 대하거나 성적으로 나누는 사태를 '능력주의적 <u>차별</u>' 또는 '<u>차별</u>=선별교육'으로 간주한다. 그러나 국제비교의 시각에서 보면 반드시 모든 사회에서 공통적으로 '차별'을 이렇게 파악하는 것은 아니다. 예를 들어, 영어에서 discrimination의 의미를 보면 이런 사태를 '차별'로 표현할 수 없다.

예컨대, *Webster's Third New International Dictionary*(1966)의 discriminate 및 discrimination 항을 보면 거기에는 '다름'을 의미하는 '구별'이나 '차이화'라는 중립적 의미와 함께 '차별적 대우'에 해당하는 의미가 다음과 같이 설명되어 있다.

> discriminate-"to make a difference in treatment or favor on a class or categorical basis in disregard of individual merit"(<u>개인의 업적과는 무관하게</u>, 계급 '집단'적 또는 범주적인 기반하에서 다른 대우를 하거나 편애를 하는 것)/discrimination-"the act, practice, or instance of discriminating categorically rather than individually"(<u>개인적이 아니라 범주적으로</u> 다르게 대하는 행위, 실천, 사례)(강조점은 인용자)

여기서 드러나듯이 적어도 영어의 discrimination이라는 개념은 개인의 능력이나 업적으로 인해 비롯되는 다른 대우까지 포함하지는 않는다. 개인적 차이에 따른 것이 아니라 오히려 계급이나 인종·민족, 성별, 출생지 등 '사회적 범주'의 차이에 근거한 '부당한' 다른 대우를 가리켜 '차별'이라는 말을 쓰는 것이다.

사전적인 의미만이 아니다. 미국이나 영국에서 '교육기회와 평등' 문제를 다룬 연구에서 개인의 능력차에 따른 다른 대우를 가리켜 '차별'로 보는 논의는 거의 없다.[1] 서구의 연구에서 '차별'로 다루는 문제는 바로 사전적 의미에 부합하는 계급이나 인종·민족, 성별 등 범주적인 차이에 따라 다른 대우를 하는 경우다. 개인의 능력차나 업적의 차이에 근거한 다른 대우까지를 포함하여 '차별'이라 하지는 않는다는 뜻이다.

물론 미국이나 영국에서도 아동의 능력, 학력 또는 학업성적에 따라 학급편성을 구별하거나 학습지도 방법을 달리하는 교육실천이 널리 이루어지고 있다. 미국의 '트래킹', 영국의 '스트리밍' 같은 능력별 학급편성 방식이 그것이다. 결국 능력이나 성적에 따라 아동을 다르게 대하는 것은 이러한 국가들에서도 존재하며 또한 그러한 능력별 교육을 폐지해야 한다는 논의도 활발하게 이루어지고 있다.

그럼에도 미국이나 영국에서는 이러한 능력별 교육을 '차별'로 보는 논의가 일본처럼 성행하지는 않는다. 물론 능력을 재는 IQ검사 자체가 실은 특정한 계급이나 인종에게 유리하게 만들어진다는 점을 비판하는 논의는 일본 이상으로 많고, 이미 제3장에서도 살펴보았듯이 인종이나 계급에 따라 학교에서 아동을 다루는 방식이 다르고 그 결과 학업성적이 달라진다는 점을 문제 삼는 논의도 있다. 나아가 능력별 학급편성이 능력을 기준으로 한다면서도 실제로는 아동의 인종이나 계급과 겹친다는 점을 지적하여 능력별 학급편성의 폐지를 요구하는 논의도 활발하게 이루어지고 있다.

그러나 이러한 논의들은 모두 계급이나 인종, 성별 등 사회적 범주에 따라 그 범주에 속하는 개인이 부당한 대우를 받는다는 것을 지탄하는 식으로 능력별 교육의 문제점을 지적한다. 인종이나 계급, 성별 등 사회적 범주와 중첩되는 사태를 넘어서서 개인의 능력차나 성적 차이 자체로까지 확대하여 '차별'로 간주하는 논의는 아니다.

그렇다면 우리에게는 매우 익숙한 '능력주의적 차별'이나 '차별=선별교육'이라는 교육인식은 일본사회에 특정적인 시각이라 할 수 있다. 즉, '능력주의적 차별'교육, '차별=선별교육'으로 결정화된 우리의 교육인식은 전후 일본사회에 출현한 사회적, 문화적, 역사적 산물이라 할 수 있는 것이다.

그렇다면 교육장면에서 능력이나 학력별로 아동을 다루는 것을 '차별'과 연결 지어 인식하는 교육관은 전후 일본의 어떤 사회적, 역사적 배경에서 출현한 것일까. '차별선별교육관'이 탄생하는 과정에서 능력주의와 평등주의는 어떻게 관련되었을까. 그리고 이러한 '차별=선별교육관'의 확산은 전후 일본에서 교육과 사회의 관련에 어떠한 특질을 부여했을까. 이 장에서는 능력주의적=차별선별교육관이라는 전후 일본에 특징적인 교육과 사회의 인식틀에 착목함으로써 대중교육사회 탄생의 수수께끼에 접근해 보자.

전국교육연구집회와 학생의 차별감

일본교직원조합(일교조)은 문부성의 교육정책을 어느 시기부터 일관되게 '능력주의적'이라고 비판해 온 세력의 하나다. 일교조는 1952년에 열린 제1차 대회부터 오늘날까지 매년 '전국교육연구집회'(전국교연집회)를 개최해 왔다. 전국에서 수합한 각 시대의 가장 뜨거운 교육문제가 보고되고 논의된다. 따라서 이 전국교연집회의 보고기록인 『일본의 교육日本の教育』을 읽어 보면 차별선별교육이라는 문제의 시각이 어떻게 만들어져 왔는가를 추적할 수 있다.

1952년 제1회 교연집회에서는 고교에서 보통과와 직업과의 과정 선택을 '둘러싸고 다음과 같은 보고가 이루어졌다.

> 또 하나의 문제로 중학교의 직업지도에 나는 문제가 있다고 생각한다. 예를 들어, 고교 보통과를 졸업하고 나서 취업한다 해도 보통코스와 직업코스 사이에 차별감이 있다. 우리 자신에게도 있을 것이고 사회적으로도 강하다. ……(중략)…… 이는 매우 큰 문제로서 간단하게 말할 수는 없지만 일반 사회인의 관념을 고치는 방향으로 나아가야 하는데도 우리 자신도 차별감을 갖고 있다. 육삼제의 포인트는 결국 종합제를 취한다는 점이다. 그러나 그 포인트를 벗어나서 지금처럼 단과제 학교를 그 현 전체 학구에서 취하는 방향으로 나아가게 되면 이중 계통의 학교가 될 수밖에 없다. 점점 차별감이 커지게 되고 차별감이 커질수록 점점 더 사회의 차별대우 의식으로 이어진다(『日本の教育』第1集, 1952, 이하 필요한 경우에 발행년만을 표시한다).

이 보고에서는 고교에서 보통과와 직업과를 선택할 때 학생들이 보통과를 지향하고 심지어 교사들이 보통과를 우선시하는 의식을 가리켜 '차별감'이라는 표현을 쓰고 있다. 더구나 '사회적으로도 차별감이 강하다'는 표현에서 알 수 있듯이 그러한 차별감은 필경 전전부터 존재하던 보통교육과 직업교육 간의 서열과 같은 것으로 간주되고 있으며 그것이 학력차라는 방식을 통해 '사회의 차별대우 의식'으로 연결된다고 이야기하고 있다.

이처럼 1950년대 전반에 일본의 교사들은 교육에서 보통과-직업과 간의 격차를 차별감으로 보는 의식을 갖고 있었다. 이러한 차별감의 의미를 보다 구체적으로 보여 주는 것이 앞의 발언을 이어받은 사회자의 코멘트다.

> 실은 적성을 찾아낸다고는 하지만 학생들은 어떻게든 보통과에 들어가려 하고 직업과를 선택한 학생들은 열등감을 느낍니다. 거름통을 짊어져야 하고 기계를 만지느라 새까맣게 먼지투성이가 되어야 합니다. 가르치는 교사들도 보통과 학생과 직업과 학생의 이중 압력하에서 아주 뒤틀려 있습니다. 그런 것을 눈으로 볼 때 도저히 단선형이라고는 할 수 없습니다. 따라서 일본의 사회기구라고 할까요, 직업에 대한 열등감이라고 할까요, 그것을 바로잡지 못하는 한 근본적인 해결책은 없다고 생각합니다(1952).

여기서는 앞의 '차별감' 발언을 이어받아 그것을 직업과를 선택하는 학생들의 '열등감', '뒤틀림' 등으로 바꿔 말한다. 이 예가 보여 주듯이 교육에서 격차나 서열 문제를 논할 때 서열에서 하위에 놓인 사람들의 열등감을 구체적인 대상으로 삼아 학생의 차별감을 문제 삼는다. 바꿔 말하면 이러한 차별감을 일으키지 않는 교육이 바람직한 교육으로 간주되고 있다는 것이다.

나아가 전일제와 정시제의 차이, 혹은 고교 진학자와 비진학자라는 고교 진학기회의 차이를 둘러싸고도 열등감을 문제 삼는 논의가 자주 이루어졌다. 예를 들어, 고교 진학률이 50%를 상회하여 고교 비진학자가 다수파에서 소수파로 변하기 시작한 1950년대 중반에는 고교 진학기회를 둘러싼 논의가 교연집회에서 활발하게 이루어졌다. 거기서 특히 진학자 대상 보충수업이 취직자를 '차별'한다는 것이 문제가 되었다. 예를 들어, 다음과 같았다.

> 이러한 보충수업의 격화는 학생은 물론 교사에게 많은 폐해를 초래하며 고교 나 중학교 교육을 본질적으로 왜곡시킨다고 이구동성으로 보고되고 있다. ……(중 략)…… 특히 비진학자의 경우 '진학에 열중하는 학교는 비진학자 문제를 무시하기 일쑤이고', '그 때문에 자신들이 잊힌 존재라는 기분을 느껴 열등감을 갖거나 비뚤 어지게 된다'(1955).

여기서 보충수업이 '고교나 중학교 교육을 본질적으로 왜곡시킨다'고 지적된다. 동시에 그러한 왜곡의 한 예로, 비진학자를 대상에서 제외하 는 보충수업으로 인해 그들은 '열등감을 갖거나 비뚤어지게 된다'는 것이 문제로 간주된다.

이어서 1956년 제5집에서 고교의 '진학반', '취업반', '혼합반' 편성이라는 코스제의 문제를 지적한 후쿠오카 어느 고교 교사의 예를 소개해 보자.

> 학생 사이에 열등감이나 대립감정을 일으키며 당연히 열등감을 가진 학생들은 공부 의욕을 잃고 자학적으로 되기 쉽다. 그런 까닭에 2학년 혼합반 학생들이 '학 급차를 없애고 평등하게 하라'고 학교 측에 강하게 요구한 것이다.

이 보고에서는 코스 편성 방식이 '취업반'과 '혼합반' 학생들에게 '열등 감'을 일으키고, 그러한 사태가 학생들의 '공부의욕'이나 생활태도에까지 영향을 미치며, 나아가 그러한 학급 간 차이를 시정하는 것이 '평등'이라고 인식되고 있다. 졸업 후 진로를 불문하고 모든 학생을 동등하게 대하는 것이 '평등'한 상태며 그렇게 해서 열등감을 느끼지 않고 살게 해야 한다는 의식에 기반하여 '차별(감)'과 '평등(감)'을 연결 짓는다. 교육을 이렇게 보는 방식이 1950년대 교연집회에 공통된 교육인식 틀이었다.

이런 식으로 차별감을 문제 삼는 견해는 1958년 집회에서 보충수업의 폐해를 둘러싼 보고 속에서 『일본의 교육』 최초로 '차별교육'이라는 말로 표현되었다.

> 진학자와 취업자의 반목, 차별교육, 심지어 고교에서 남녀공학제의 붕괴
>
> 진로별 편성을 하지 않아도 열등감을 갖게 되는데 코스별 편성을 하게 되면 학생들의 차별감은 더욱 강해질 것이다(구마모토). ① 학생들의 인간관계 왜곡-분열 반목·우열감. ② 결과적으로는 진학편중 교육이 되어 중학교에서도 진학교가 나타난다. ③ 중학교 2학년에서는 진로결정이 불가능하다. ④ 차별교육에 대한 부모의 저항(시즈오카).

이런 예에서 분명히 드러나듯이 '차별교육'이라는 표현은 1952년 이래 공통의 문제의식을 반영하는 표현이었다. 1958년 이전에 '차별교육'이라는 표현은 사용되지 않았다. 그러나 처음에 제시한 예가 보여 주듯이 코스제나 보충수업 등이 취업자에게 차별감을 일으키고 진학자와의 반목을 야기한다고 하는 문제제기는 이전에도 있었으며 이 동일한 문제에 '차별교육'이라는 말이 부여된 것뿐이다.

이렇게 해서 1950년대를 거치며 교육에서 서열상으로 하위에 위치하는 아동들의 차별감을 문제 삼아 그것을 없애야 한다고 보는 시각, 나아가 차별감을 일으키는 교육을 '차별'교육으로 간주하는 시각이 만들어졌

다. 차별감을 일으키는 교육이 차별교육이며, 교육에서 차별이라는 사회현상을 서열에서 하위에 놓인 사람들의 의식이나 감정 문제, 나아가 그러한 감정을 일으키는 제도나 조직, 실천 문제로 파악하는 인식틀이 차별교육관의 원형prototype인 것이다.

빈곤이라는 리얼리티

그러나 그 시대에는 교육에서의 '차별' 인식이 사회적 범주와 전혀 무관하지는 않았다. 고교 진학자와 비진학자의 '차별'을 문제 삼는 경우에도 그 차별을 사회적 범주와 분리된 개인의 능력차 문제로 간주하지는 않았다. 오히려 제2장에서 밝혔듯이 1950년대에는 교육에서 차별을 문제 삼는 인식의 기저에는 빈곤이라는 뚜렷한 사회적 범주와의 관계가 존재했다.

1952년 전국교연집회에서는 고교 비진학자와 관련해 다음과 같은 보고가 이루어졌다.

> 진학하지 않는 학생들. 이들은 돈과 시간이 없어 진학하지 못합니다. 다음으로 통학할 때의 거리상의 곤란 때문에, 셋째로는 사회환경의 영향으로 향학심이 없어서, 넷째로 교육제도의 결함 때문에 취학하지 못하는 것입니다. 이 근로청소년들은 어떤 정신상태와 어떤 생활상황에 놓여 있을까요. ……(중략)…… 둘째, 열등감에 빠져 있고 일반적으로 경제적으로 윤택하지 못한 경우가 많아 사소한 일에도 평정심을 잃습니다. 셋째, 이 점이 매우 어려운데, 비상식적인 일을 태연히 저지르는 학생들이 많다는 것입니다.

이 밖에도 이 부회에서는 각 현별로 고교 비진학자의 비율이나 비진학이 주로 경제적인 이유에서 비롯된다는 점에 대해 실태조사에 기초한 다양한 보고가 이루어졌다. 그중에는 빈부의 차에서 유래하는 진학-비진학의 진로분화를 열등감·차별감과 연결시켜 논하는 다음과 같은 보고가 있었다.

> 근로청소년에게는 빈부의 차 등 악조건이 갖추어져 있습니다. 그러나 나는 그런 열등감이나 차별적인 생각을 갖지 않고 일하며, 서로를 자유롭고 평등하며 대등한 인간으로 대하는 인간을 어떻게 해서든 만들고자 합니다. ······(중략)······ 예전처럼 중학교, 여학교, 고등소학교, 청년학교 같은 틀로 나누어 사회적·경제적인 여러 환경에서 비롯된 격에 따라 구별하는 교육은 배제해야만 합니다.

1954년 집회에서도 고교 진학을 결정하는 요인과 관련하여 가정의 경제적 요인, 계층성, 지역사회의 봉건성, 봉건유제 등의 원인으로 비진학이 발생한다는 실태보고가 있은 후 다음과 같은 발언이 있었다.

> 결론적으로 말씀드리면 우리는 학교의 진로지도라는 면에서 진학자와 비진학자에 대한 차별대우를 하고 있지 않은가.

나아가 1956년 집회에서도 다음과 같은 보고가 있었다.

> 중학교 학생 중에는 그렇지 않아도 가정의 경제적, 사회적 조건으로 풀이 죽어 비뚤어지는 아이들이 적지 않다.

이들 예가 보여 주듯이 진학자와 취업자의 분화가 빈부의 차라는 분명한 사회경제적 배경과 연결되어 인식되었으며 진학자와 취업자의 서열화가 차별감을 낳는 것이라 하여 문제로 간주되고 있었다.

이 시대에 빈부의 차는 여전히 충분한 리얼리티를 지닌 문제였다. 그렇기 때문에 아동들의 출신배경까지 시야에 넣은 실태조사가 일교조의 집회에서도 수없이 보고되었다. 그러한 의미에서 볼 때 당시의 차별교육이라는 인식틀은 빈곤층으로 파악되는 사회적 범주를 시야에 포함하고 있었다. 결국 고교 비진학자의 차별감을 문제 삼는 것은 그대로 빈곤층이라는 사회적 범주에 기초한 '부당한' 처우, 즉 영어 표현과 동일한 의미의 '차별discrimination'을 문제 삼는 것이기도 했다. '우수한 능력이 있어도 가정의 경제사정 때문에 진학이 허용되지 않는 잠재적 지원자'가 다수 존재하던 시대에는 비진학자가 품는 차별감 문제는 '차별'과 중첩되어 있었다. 사회적 불평등과 중첩되는 지점에서 교육에서 불평등 문제가 이야기된 것이다. 차별선별교육관의 원형에는 이러한 평등주의가 포함되어 있었다.

능력관의 변화와 능력주의적 차별교육

고교에 진학하지 못하는 아동의 차별감에 대한 심정적 공감의 바탕에는 빈곤이라는 눈에 띄는 사회적 범주와의 자명하고 자연적인 관련에 대한 인식이 깔려 있었다. 가난하기 때문에 진학할 수 없는 학생들의 차별감에 대한 심정적 공감. 그러나 동시에 이러한 소박한 차별교육관은 차별감이라는 감정을 기축으로 하여 형성되었기 때문에 사회계층이라는 사회적 범주와 관련지어 보다 냉철하게 '객관적'으로 교육의 불평등을 문제 삼는 시각이 누락될 위험성을 지니고 있었다. 교육에서 차별감을 일으키는 일체의 서열화를 정서적으로 기피하는 또 하나의 교육인식이 밑고 들어오는 것을 지나치게 쉽게 허용하기 때문이다.

차별선별교육관의 전환은 전후 일본의 교육계에서 능력주의가 어떻게 받아들여졌는지를 검토함으로써 규명될 수 있다. 따라서 능력별 학급편성이라는 교육실천의 추이를 되짚어 볼 필요가 있다.

개성중시와 학력의 개인차

'민주적 교육'은 전후 6년간 우리의 모토였다. '능력별 편성'도 마찬가지로 6년간 우리의 모토였던 신교육과 더불어 문제가 된 것이다. ……(중략)…… 전체적으로 신교육은 교육의 근대화와 민주화를 지향한다. 이 전체적 목표를 실현하는 필요조건으로, 첫째, 교육의 과학화를 위해 노력하고, 둘째, 교육에서 개성 존중을 강조한다. 우리의 주제인 '능력별 학급편성'이라는 문제도 이 두 조건과 연결되어 있는 것이다(森, 1951: 10-13).

전후교육이 발족한 지 6년이 지났을 무렵 새로운 시대의 '민주적 교육'을 실현하기 위한 모토는 '과학화'와 '개성 존중'이었다. 전전기의 천황제 교육에 대한 반성에 입각해 '교육의 근대화와 민주화'를 표방하는 '신교육'에서는 과학과 개인이 키워드였다. 그리고 그 개인을 중시하는 새로운 교육실천의 하나로 기대된 것이 '능력별 학급편성'이었다.

능력별 학급편성은 미국에서 널리 실시되고 있던 교육실천이며 전후 민주주의와 함께 일본에 도입된 새로운 시도였다. 특히 의무교육의 일부로 포함된 '신제' 중학에서는 다양한 학생에 대응할 필요가 있어 그 해결책의 하나로 능력별 학급에 기대를 걸었다. 교육심리학자를 중심으로 전후에 바로 발행된 잡지 『아동심리兒童心理』에서는 다음에 인용하는 호에서

두 사람의 중학교 교사, 한 사람의 도쿄도 지도주사 그리고 다섯 사람의
연구자 간에 '능력별 학습지도의 검토'라는 제목의 좌담회가 이루어졌다.
거기서 능력별 학급을 실천하는 한 중학 교사는 다음과 같이 말했다.

> 우리도 현장에서 실제 문제에 직면하고 있는데, 현재 의무교육제도인 중학교에
> 서는 상당한 능력차가 존재합니다. 이전 구제중학과는 달리 의무제도가 되었기 때
> 문에 학생의 개인차가 매우 큽니다. 너무 큽니다. 청년 전기라서 신체적으로도 상
> 당한 차이가 있지만 정신연령 쪽은 특히 차이가 심하다고 나는 생각하고 있습니
> 다. ……(중략)…… 무언가 학생의 개인차에 적합한 수업을 해서 학생의 개성을 충
> 분히 살리는 것이 우리의 바람입니다(『아동심리』, 1951년 11월호, 37쪽).

이 발언이 보여 주듯이 전후의 교육개혁으로 새롭게 탄생한 의무제 중
학교에서 다양한 학생과 마주하게 된 교사들은 '학생의 개성을 충분히 신
장하기' 위한 방책으로 능력별 학급편성 도입을 시도한 것이다.

또한 전후 바로 능력별 학급을 도입한 시기에는 학생 학력의 개인차를
소질이나 환경 문제로 간주하는 데 그다지 저항이 없었다. 예를 들어, 동
일한 좌담회에서 또 다른 중학교 교사는 다음과 같이 말했다.

> 대체로 사회 · 국어 · 수학 · 이과 같은 방면에서 우수한 능력을 지닌 사람은 다
> 른 과목에서도 역시 좋은 성적을 거두고 있습니다. 소질의 문제지요.

또 같은 호에서 능력별 학급의 실천을 소개한 중학교 교사는 학생 능력
차의 원인을 다음과 같이 말했다.

> 학생이 지닌 상당한 능력차는, 첫째, 선천적으로 개인의 소질에 기인하고, 둘째
> 로, 후천적인 학생의 생활환경에 원인이 있다고 여겨진다(大谷, 1951: 53).

　여기서 주목하고 싶은 것은 소질이나 환경의 차이가 학생의 능력차를 낳는다는 시각이 솔직하게 표현되어 있다는 점이다. 이러한 학생에 대한 능력관에 기초하여 이 교사는 지능검사와 가정의 문화적 환경에 대해 조사하고 양자의 관계를 보여 준 후에 '상당한 능력차에 따라서 학생 한 사람 한 사람을 학급에 적응시키려면 어떻게 해야 하는가'라는 과제를 제시했다. 그리고 그것을 해결하는 방법으로 능력별 학급편성을 취했음을 소개한다. 이들 예가 보여 주듯이 1950년대 전반까지 중학교에서도 능력별 학급편성을 행하는 것은 아직 '금기'시되지 않았다. 학생의 능력차를 소질의 차이나 가정환경의 차이로 논하는 것에도 이후 시대만큼의 저항은 없었던 것이다.

　물론 이미 이 무렵부터 능력별 학급이 성적이 나쁜 학생들에게 열등감을 주지 않을까 하는 우려는 표명되고 있었다. 앞의 좌담회에도 학생들의 열등감에 관한 언급은 보인다. 또한 1954년에 출판된 능력별 학급편성의 이론과 실천을 논한 야마모토 사부로山本三郎의『능력별 학급편성의 교육能力別學級編成の教育』이나 다음 해인 55년에 발행된 능력별 학급편성에 관한 조사연구보고서 이시카와 쓰토무石川勤의『능력별 학습能力別學習』은 이 시기에 출판된 능력별 학급의 지도서라 할 수 있는 문헌인데 두 책 모두 학생의 열등감에 관한 절이나 항을 설정하여 검토한다.[2] 그리고 능력별 학급편성은 하위 학급에 포함된 학생에게 열등감을 준다 하여 이를 기피하는 감정이 1950년대 전반에도 분명 존재했다. 그러나 이 기피감정은 이후에 보이는 '금기시'라 할 만한 보다 철저한 부정적 감정에 비하면 아직 능력별 학급을 허용하는 수준의 것이었다.

　실제로 1950년대 후반 시점에서 능력별 학급을 실천하던 학교는 고교나 중학교만이 아니라 소학교에도 있었다. 전국 수준의 실제 수는 모르 겠지만 1952년에 실시된 이시카와의 조사에서는 각 도도부현의 교육위 원회로부터 능력별 학급을 실시하는 학교를 추천받았다. 추천된 학교는 전부 445교였다. 이에 비해 전후의 능력별 학급편성 변천을 조사한 무 라타 고지村田晃治의 조사에서는 교토부의 실천 사례를 독자적으로 조사한 후, 능력별 학급 실시 경험이 있는 학교 수는 이 445교라는 숫자를 대폭 상회한다고 보고했다(村田, 1983).

이 시기는 아직 일교조도 능력별 학급편성을 금기시하지는 않았다. 일 교조는 1960년대에 들어서면 능력별 학급을 능력주의적 차별을 행하는 것이라 하여 철저하게 비판하는 쪽으로 돌아섰지만 그 일교조도 1950년 대 전반까지는 능력별 학급편성을 용인했던 것이다. 그것은 앞에서도 자 료로 인용한 일교조의 전국교연집회 논의를 통해서도 알 수 있다.

다음 발언은 제1회(1952년) 전국교연집회에서 일교조 중학교관계소위 원회 위원의 발언이다.

> (전략) 다음으로 개인차 문제인데, 교육 전반으로 볼 때 능력별로 지도되지 않는 교 육은 이상적이지 않다. 이상적이지 않은데도 왜 지금 학교에서 이루어지고 있는가.

각 현의 대표자가 아닌 주최자 측의 발언이지만 여기서 능력별 지도를 전면적으로 부정하는 논조는 볼 수 없다. 이 발언에 뒤이어 전개된 논의 에서도 능력별 지도를 오히려 긍정하는 의견이 어느 현의 보고자로부터 제출되었다.

> 능력별 지도나 개인 커리큘럼이라는 것은 우등생을 우등생 나름으로 가르치는
> 것이 아닐까. ······(중략)······ 우등생을 우등생으로서 능력별로 지도하는 것은 열등
> 생을 지도하는 것과는 다르므로 각각의 능력을 최대한 신장시키기 위한 방편이라
> 고 역으로 생각하고 있습니다만. (후략)

이 발언에서는 '우등생'을 위한 '능력별 지도'에 대해서도 언급하고 있다. 1960년대 이후에는 이러한 표현 자체가 금기시되지만 1950년대 전반에는 일교조 교사들도 능력별 지도를 '민주교육'의 수단으로 간주했던 것이다.

다음 해(1953년) 전국집회의 분과회 '기초학력의 제문제'에서도 학급 내의 능력별 지도나 능력별 학급편성을 주제로 논의가 전개되었다. 여기서 '이 능력별 지도가 교사의 과중한 노동을 초래하는 결과'가 되지 않을까 하는 강사단의 지적이 소개되었을 뿐 능력별 학급편성 자체에 대한 비판은 없었다. 이 시기에는 일교조에 가맹한 교사들 사이에서도 능력별 학급편성을 차별교육과 연관시켜 비판하는 시각은 아직 확산되지 않았던 것이다.

그렇다면 능력별 학급편성, 나아가 능력에 따른 서열화를 금기시하는 시각은 언제 어떻게 성립한 것일까. 결론부터 말하자면 능력별 학급편성에 대한 관용적 시각이 부정적 시각으로 바뀌는 때는 1950년대 후반부터 1960년대 초반에 걸쳐서이며 그 이면에는 능력차에 관한 시각의 커다란 전환이 있었다.

일교조의 전국교연집회 논의를 자료로 할 때 능력차에 관한 논의의 중대한 전기는 1958년의 '진로지도' 분과회다. 문부성이 추진할 것으로 본 '적성적직주의適性適職主義(지능 수준에 따라 적합한 직업이 다르다는 시각)'가 지능의 소질결정론을 전제로 하고 있다고 비판한 강사의 다음과 같은 발언

이 소개되었다.

> (전략) 지능은 소질적, 생래적인 것이므로 지능검사를 실시하면 장래의 지능을 상당히 확실하게 예측할 수 있고 그런 의미에서 예측검사로서의 가치를 지닌다는 발상은 상당히 기이하다고 할 수 있다. 이런 의미에서 IQ의 항상성을 전제로 하는 문부성의 안내서 'IQ에 따른 적직조견표' 등은 뻗어 나갈 가능성을 지닌 학생을 고정적으로 파악하고 학생에게 우열의 딱지를 붙여 학생 장래의 운명을 결정하는 것이므로 유해무익한 것이다.

'뻗어 나갈 가능성을 지닌 학생'이라는 학생관을 전제로 하여 지능을 고정적인 것으로 보지 않고 지능에 따라 학생의 우열을 가르는 것을 기피하는 시각이 여기에 나타나 있다. '학생의 우열'의 기준이 되는 '지능' 자체에 대한 의심이 능력차나 학력차를 논하는 경우에 중요한 논점으로 등장한다. 이러한 지능관, 능력관은 그 이전에는 전국교연집회의 보고서인 『일본의 교육』에 등장한 적이 없다.

이러한 지능관, 능력관은 전국교연집회에서 점차 합의를 얻어 1960년대에 접어들면 능력주의교육 비판의 유력한 논거가 된다. 1961년 제10차 집회에서는 '무엇이 아동의 진로를 결정하는가'를 둘러싸고 다음과 같은 논의가 이루어졌다.

> 진로의 결정요인을 사회적 환경 및 소질과 관련지어 보고한 지바현 보고의 결론: '빈곤과 불안정한 생활환경에서 비롯된 학업성적의 저하는 당연한 귀결일지도 모르지만 이 조사에 나타난 생활정도에 병행하는 지능단계의 낙차는 빈곤과 저지능, 저지능이 초래하는 빈곤이라는 악순환의 표현이 아닐까.'

이 보고에 대해 다음과 같은 반대 의견이 각기 제출되었다.

지능 및 생활과 관련해서, 빈곤자는 지능이 낮다고 보는 방식에 문제가 있다(군마), 빈곤과 저지능의 악순환이라지만 지능검사가 지닌 의미를 문제 삼아야 한다(교토), 지능검사에는 일종의 마술적인 무언가가 있다, 지능은 태어나면서 갖게 되는 것은 아니므로 지능검사에는 계급성이 있다(오사카, 구마모토), 또 지능은 학력의 결정요인이 아니다(오사카) 등의 비판이 제기되어 지능검사의 본질, 지능과 학력의 관계에 관해 활발한 의견이 오고 갔다.

이들 비판에는, 첫째, 이미 언급한 지능의 소질결정론에 대한 비판이 담겨 있다. 둘째, '빈곤자'의 '사회적 환경'과 '지능'을 관련짓는 시각에 대해서도 부정적인 견해가 제시되어 있다. 셋째, 지능이 학력의 결정요인은 아니라는 학력관이 제시되어 있다. 그리고 이러한 지능관, 능력관, 학력관에 기초한 능력별 지도에 대한 비판은 1960년대 전반에 전국교연집회에서 순식간에 공유되는 인식틀이 되었던 것이다.

1962년 '진로지도' 분과회에서는 능력별 학급편성을 부정하는 시각이 바야흐로 강력한 인식틀로 공유되었음을 다음 보고를 통해 알 수 있다.

> 능력별 학급편성에 대해서는, 이 집회에서는 적극적 실시론(오카야마)과 반대론(일고교日高敎 홋카이도 보고서)의 양론으로 나뉘었고 실시론이 특히 중학교 참가자들로부터 말하자면 뭇매질을 당한 감이 있다. ……(중략)…… 현재 능력별 학급편성이 ……(중략)…… 실은 '성적상위자를 중점적으로 진학지도로 이끌어 교과지도를 진행하고' 성적하위자를 취직으로 이끌어 저급한 교과지도를 행하는 차별교육으로 변모해 버렸다는 점에 대한 반성이 제기되었으며…….

'뭇매질을 당한 감'이라고 요약자가 말할 정도로 능력별 학급편성에 대해 격렬한 반론이 가해졌으며 그 비판의 핵심은 능력별 학급편성이 '차별교육으로 변모'했다는 점이었다.

이 분과회의 논의를 정리하며 강사단은 다음과 같은 문제를 제기했다.

첫째는 고교에서 '능력차' 문제다. 여기서 주목해야 하는 것은 고교 교사들이 그것을 문제시할 때 능력차의 파악이 소질결정론적 태도에 지배된다는 점이다. 그러나 그 '능력'은 교과, 특히 영어, 수학, 국어, 이과처럼 주로 도구적 교과의 '학력'과 동일시되어 이해되고 있다. 과연 이러한 의미에서 볼 때 고교 진입생의 능력에 상하의 폭이 크고 그것이 삼 년간 줄어들지 않고 확산되는 것은 대체로 사실일 것이며, 능력 하한인 사람은 아무리 노력해도 명문대학에는 들어갈 수 없는(일고교 훗카이도 보고서)지도 모르겠다. 그러나 그렇다고 해서 능력이 낮은 것을 오로지 소질적인 것으로 돌려 버리는 것은 위험하다.

여기서도 다시금, 능력의 소질결정론을 비판적으로 보는 시각이 담겨 있다. 그에 더해 능력을 '영어, 수학, 국어, 이과처럼 주로 도구적 교과의 학력과 동일시'하는 것에 대한 의문도 제기되어 있다. 능력의 가변성에 대한 신앙과 학교에서 재는 학력을 '참된 능력, 학력'으로는 간주하지 않는 학력관. 단지 차별감을 유발하는 교육에 대한 비판에 그치지 않고 차별감을 일으키는 능력이나 학력이라는 기준 자체에 대한 의문을 기점으로 삼아 그러한 능력을 기준으로 하는 서열화의 부당성을 공격하는 시각, 능력별 학급편성을 차별교육으로 비판하는 시각이 형성되어 공통의 인식틀이 되었던 것이다.

여기서 강조하고 싶은 것은 이 시점에서는 아직 '능력주의'라는 말이 등장하지 않았다는 점이다. 그럼에도 여기서 이미 "아동을 '성적'에 따라 분류하고 그 '능력'별로 상하 서열을 매겨 ……(중략)…… 격차를 두고 선별해 간다"(教育制度檢討委員會, 1974: 54)고 하는, 이후의 '능력주의'관과 동일한 인식을 확인할 수 있다.

고정적이지 않고 더구나 '참된 학력'이라고 할 수 없는 성적에 따라 학생을 서열화하는 교육. 그로 인해 하위에 놓인 학생들에게 차별감을 주는 교육. 성적이나 능력에 따른 차이화를 차별교육으로 비판하는 인식틀은 '능력주의'라는 말이 출현하기 이전에 이미 형성되어 교연집회 참가교사들 사이에 널리 공유되고 있었다. 결국 능력의 가변성에 대한 신앙, 시험으로 측정되는 학력을 '참된 학력'으로는 보지 않는 학력관이 확산되어 차별감을 문제 삼는 차별교육의 인식틀과 결합함으로써 오늘날 우리가 공유하는 능력주의적-차별교육관이 만들어진 것이다.

이러한 능력주의적-차별교육관에 기초하여 능력별 학급편성을 비판하는 것은 미국이나 영국의 능력별 학급 폐지논쟁에서 보이는 평등주의와는 상당히 다른 것이었다. 미국이나 영국에서 능력별 학급편성에 반대하는 경우 문제의식의 기저에는 능력이 낮은 학급이 사회적으로 윤택하지 못한 아동들로 구성되어 있는 사태를 문제 삼는 인식이 깔려 있다. 그에 비해 일본의 능력별 학급편성 반대론은 학생의 '차별감'을 중심으로 전개되었다. 능력별 학급편성이 사회적 불평등을 고정화한다는 논의는 거의 보이지 않고 능력=평등관을 전제로 하여 학력 차에 따른 차별의식만을 오로지 문제 삼는 것이다. 학력과 출신계층의 문제, 능력별 학급편성을 매개로 한 계층과 사회적 지위성취 간의 관계 문제는 충분한 논의가 이루어지지 못한 채로 의무교육의 무대에서 사라졌으며, 그것과는 전혀 다른 이유에서 능력별 학급편성이 비판되었던 것이다.

능력=평등론의 배경

차별교육론의 원형에 따르면 학생에게 차별감을 주지 않는 교육이 '평등'한 교육이다. 여기서 전후교육의 발전 속에서 탄생한 하나의 평등관, 평등주의가 분명히 드러난다. 그리고 또 하나의 평등주의는 능력의 평등이라는 시각이었다. 학력의 차이를 소질의 차이로 보지 않는다. 바꿔 말하면 성적의 차이를 출생 당시의 능력 차이로 고정적으로 보는 것이 아니라 학생의 노력에 따라 변할 수 있는 것으로 보는 것이다. 그러한 시각은, 예를 들어 1960년대 초엽의 다음과 같은 중학교사의 생각에 분명하게 제시되어 있다.

> 모든 아동, 적어도 대부분의 아동이 100점을 받을 수 있는 힘을 본래 가지고 있으며 그것을 실현하지 않는다면 올바른 의미에서 '교육'을 행하고 있다고는 말할 수 없다고 생각한다(『教育』, 1962年 5月号, 28쪽).

누구나 노력하면 '100점'을 받을 수 있다는 시각은 학력차를 태어날 때의 소질 차이로 보지 않고, 생득적 능력에는 결정적이라 할 만한 차이가 없다고 하는 능력관, 평등관을 기초로 한다. 이러한 능력=평등주의의 등장과 보급이 능력별 학급을 금기시하는 기반이 되었다.

그렇다면 이러한 능력 인식은 어떻게 확산되었을까. 어떤 배경 상황 속에서 능력=평등론이 확산되었을까. 그리고 그러한 배경 속에서 전후 일본의 교육과 사회의 관련은 어떤 특질을 지니게 되었는가. 그 시대의 교육상황을 살펴보자.

1950년대 후반부터 1960년대 초엽에 걸친 시기는 학력이나 진로분화를 둘러싼 문제가 사회적으로도 크게 다루어진 시대였다. 첫째, 1956년부터 시작된 문부성의 학력테스트가 1961년 이후 전국 전수조사로 실시되면서 '학력테스트' 투쟁이 전국적으로 전개되었다. 이미 이 시기 이전부터 「지방교육행정의 보급 및 운영에 관한 법률」 개정문제나 근무평정 문제로 문부성과 일교조는 날카롭게 대립하고 있었다. 말하자면 교육에서의 55년체제五五年體制*라고도 할 만한 문부성 대 일교조의 대립도식을 배경으로 그 대립이 학력문제나 능력문제로까지 확대되어 전국적으로 확산된 것이 '학력테스트' 투쟁이었던 것이다.

문부성은 전국일제학력테스트 실시에 임하여 "목하 정부가 입안 중인 (쇼와) 36년도부터 45년도에 이르는 국민소득배증장기계획에서는 널리 인재를 개발할 필요가 있는데 무엇보다도 우수한 인재를 조기에 발견하여 그에 대한 적절한 교육훈련을 실시하는 것이 중요하다. ……(중략)…… 즉, 이 테스트의 목적은 ① 능력, 적성에 따라 진학시켜 교육을 받게 하기 위한 객관적 자료로 삼고, ② 선발 시에 학력테스트와 학교차를 무시하고 작성되는 내신서에 의존하는 현행 선발 방식을 개선하는 자료로 삼는다(③ 이하는 생략)"(『文部時報』, 1960年 11月号)고 설명했다.

이에 대해 일교조는 학력테스트 실시를 산업계의 요청을 수용한 교육행정의 전개로 인식하여, 「우리의 호소」(일교조 제56회 중앙위원회, 1961년 10월 7일)를 통해 "테스트에 의해 아동 세계에 차별을 끌어들이고 진학반과 취업반으로 나누어 취업반 아동들을 불평불만을 말하지 않는 '노동력'

---

* 1955년에 일본 정치에서 여당인 자유민주당과 야당인 일본사회당으로 구성된 양대정당 구조가 형성되었다. 이를 가리키는 시사용어가 55년체제다.

으로 길러 내려는 것으로서, 산업계를 좌우하는 일부 사람들의 의향이 이 테스트 속에 반영되어" 있다고 비판했다. 학력테스트의 전국 일제실시는 학생의 차별감을 조장하며 동시에 그러한 차별화는 자본주의 경제체제하에서 순종적인 노동자의 육성으로 이어진다는 이유로 학력테스트를 비판한 것이다.

둘째, 중학교의 교육과정 개정을 둘러싼 대립도 일교조의 차별교육관을 강화시켰다. 학력테스트 투쟁을 전후로 1958년에 문부성 교육과정심의회는 「소학교 · 중학교 교육과정의 개선에 관하여」라는 답신을 제출했다. 이를 통해 중학교에 선택과목으로 농업과 · 공업과 · 상업과 · 수산과 · 가정과 등 직업과목을 도입하려 했다. 졸업 이후의 취업 혹은 고교 진학에 따른 진로별 교육과정인 셈이다. 중학교 3학년에 직업교육을 도입하고 강화하겠다는 이 답신은 그보다 1년 전에 제출된 일본경영자단체연맹 「과학기술교육에 관한 의견」의 다음과 같은 부분의 영향을 연상시키는 것이었다. 거기서 "초등, 중등 교육제도의 단선형을 복선형으로 개혁하고, 중 · 고등학교 교육에서 학생들의 진로, 특성, 능력에 따라 보통 교육과정(필요에 따라 나아가 인문계와 이공계)과 직업과정으로 나누어 효과적이고 능률적인 교육을 실시할 것"이 제창되었던 것이다.

이러한 코스제의 도입에 대해 일교조는 "취업반, 진학반으로 구별하는 차별교육의 부활인 코스제 그리고 남녀공학제 파괴 등 현재 민주적 학교 체제의 부정을 꾀하려는 기도에 반대한다"(일교조, 「교육과정 〈학습지도요령〉 개정중간발표에 대한 기본적 태도」 1958년 8월)고 비판했다. 여기서도 차별감 조장이 비판의 출발점을 이루고 있었다.

셋째, 고치현에서 시작하여 1960년대 초 전국교연집회에서도 활발하

게 논의된 '고교전입운동高校全入運動' 또한 학력과 능력의 해석을 둘러싼 대
립도식을 선명하게 만든 교육문제였다. 일교조는 고교 교육을 일반보통
교육의 장으로 규정하고 각지에서 고교 증설을 요구하는 운동 및 학력시
험에 따른 입학자 선발에 반대하는 운동을 반복했다.

전입운동의 발상지 고치현에서는 전입제 반대파가 고교의 학력저하 문
제를 제기했다.

> 전원입학제는 고교생의 학력저하를 초래한다. 전원입학의 결과 고교 교육을 받
> 을 능력이 없는 자들이 다수 입학하여 고교 교육을 파괴시키는 원인이 된다. 그렇
> 기 때문에 입학 시험을 치러 능력이 없는 학생은 탈락시켜야 한다(栗津, 1960: 101).

이에 대해 전입제 추진파는 다음과 같은 학력관을 표명했다.

> 학력이란 무엇인가. 한 장의 지필검사로 간단하게 잴 수 있을까. 테스트 결과와
> 고교 교육을 받을 능력을 그렇게 간단하게 연결시켜도 좋을까. ……(중략)…… 분
> 명 전체적으로 볼 때 지금 중학 졸업생의 기초 학력이 떨어지는 것은 사실일 것이
> 다. 그러나 그 원인은 전입제가 아니다. 전쟁으로 인한 희생이다. 이 아동들은 가장
> 중요한 시기를 전쟁 중의 소개疎開나 종전 후 뒤이은 혼란 속에서 보냈으며 열악한
> 교육조건이 학력저하를 초래한 것이다(栗津, 1960: 106).

한편에서는 능력의 차를 인정하고 고교에서 학습할 수 있는 능력이 있
는 사람만 입학시키려 한다. 또 한편에서 전입운동 지지파는 지필검사의
유효성을 의심하면서, 설사 테스트로 학력이 측정된다 해도 학력이 낮은
것은 능력 탓이 아니며, 전시 중이나 전후의 혼란이 학력저하의 원인이라
고 본다. 전입인가 선발인가를 둘러싼 대립이 능력과 학력을 보는 시각

을 둘러싸고 전개된 것이다.

이렇게 55년체제하의 대립도식 속에서 학력과 능력의 인식에 결정적인 영향을 미친 것은 1963년의 경제심의회(이하 경세심) 인적능력부문 답신 「경제발전에서 인적능력 개발의 과제와 대책」이었다. 이 답신은 교육을 경제정책과 관련시키며 당시의 교육관을 대전환시킨 것으로 평가된다. 이 답신에는 '하이탤런트high talent · 맨파워man power의 양성', '능력주의에 따른 교육 개선', '능력주의의 철저', '교육투자' 등의 표현이 나열되어 있었다.

이 답신이 나온 해에 일교조 전국교연집회에서는 답신을 인용하는 식으로 '능력주의 철저'라는 표현이 등장한다. 일교조의 전국교연집회에서 처음으로 '능력주의'라는 말이 등장한 것이다.

1964년 집회에서는 후기중등교육 개혁안이 경제심의 '경제발전에서 인적능력개발의 과제와 대책'의 연장선에서 이루어졌다고 보고, "따라서 겉으로 표방하는 '중등교육의 완성'이란 보다 구체적으로 말하면 중등교육 자체의 형식화 · 명목화, 나아가 차별체제화에 다름 아니다"(1964: 360- 361)라고 규정했다. 교육에서 '능력주의 철저'가 교육의 차별체제화를 추진한다는 인식이 나타난 것이다.

'독점자본'의 요청에 따른 교육에서 '능력주의 철저'라는 논리. 냉전구조와 55년체제를 배경으로 성립한 문부성과 일교조의 대립도식하에서 이렇게 일교조는 교육의 '능력주의'화가 학교 안에서 학생의 차별감을 조장하기 때문만이 아니라, 교육을 자본주의 경제에 종속시킨다는 이유에서 부정해야 할 대상으로 인식했다. 게다가 능력주의 철저에 대항하는 이념으로 학생의 차별감 제거뿐만 아니라 애초에 그러한 차별을 일으키는 '능력'이라는 기준 자체에 대한 의심을 제기했다. 능력을 어떻게 볼 것인가 하는 차원에까지 논의가 전개됨으로써 문부성에 대한 비판은 단순한 이념적 비판에 머물지 않고 교육론 비판으로까지 발전할 수 있었다.

지금에서 돌이켜 보면 경제심 답신이 표명한 능력관이 반드시 소질결정론이었다고는 할 수 없다. 그러나 문부성 측은 적성검사나 능력 발견을 위한 연구의 장려 등 지나치게 '과학주의'에 의거하여 능력을 바라보고 있는 것처럼 보였다. 교사들이 그것을 소질결정론을 지향하는 것으로 받아들인 것도 무리는 아닐 것이다. 그러한 문부성의 능력주의에 대항하는 능력관으로 '아동 능력의 무한한 가능성'이라는 능력=평등관이 확산된 것이다. 이렇게 해서 학생의 차별감을 문제 삼는 소박한 차별교육관에, 능력의 고정화를 부정하고 학생의 무한한 가능성을 믿는 능력=평등관이 더해짐으로써 오늘날 우리에게 익숙한 '능력주의적-차별교육'관이 형성된 것이다.

이누이 아키오(乾彰夫, 1990)가 밝혔듯이 경제심 답신이 추구한 '능력주의'는 실은 다원적 능력주의였다. 그런데 이 답신의 취지는 그렇게 받아들여지지 않았다. 아마도 경제심의 '능력주의'라는 말이 능력별 학급편성이라는 표현에 담겨 있는 '능력'과 중첩되는 것으로 이해되었기 때문일 것이다. 능력에 따른 일원적 서열화를 문제 삼아 온 시선에서 볼 때 경제심의 다원적 능력주의도 일원적 서열화를 꾀하는 것으로 이해되었다. 더구나 일교조 구성원만이 아니라 교육계가 일반적으로 그런 식으로 이해하고 있었다. 그런 탓에 서열화를 꾀하는 '위'로부터의 능력주의에 대한 대항으로 '아동의 무한한 가능성', '능력의 전면적 개화'라는 추상적 수준에서는 누구나 찬성할 만한 교육학적 가치를 근거로 하는 능력관, 평등주의가 제기된 것이다.

능력주의적-차별교육관과 대중교육사회

―――

　모두에 인용한 신문 투서나 기사에도 나타나듯이 이러한 능력관과 평등주의적 교육인식은 이제 우리의 '상식' 중 일부가 되어 있다. 교육에서 서열화를 기피하고 그것을 '차별'로 인식하는 이러한 시각은 우리의 교육인식에서 거의 의심할 수 없는 전제가 된 것이다.

　그렇다면 이러한 교육과 사회의 인식이 만들어짐으로써 전후 일본의 교육과 사회는 어떻게 변용되었을까. 이 질문을 풀기 위해서는 능력주의적-차별교육관이 어떤 평등주의를 바탕으로 하고 있는가를 고찰해야 한다.

　이미 밝혔듯이 능력주의적-차별교육관의 기저에는 학생의 차별감을 문제 삼는 평등관이 있었다. 차별감을 일으키는 교육이 차별교육이라고 하는 교육인식은 결국 평등한 교육이란 학생에게 차별감을 일으키지 않는 교육이라는 인식을 전제로 한다. 따라서 이러한 평등주의를 따르게 되면, 첫째, 교육의 형식적 균등화, 즉 '획일적 평등화'를 추진할 수밖에 없다. 학생을 구별 없이 동일하게 다루는 것이 차별감을 일으키지 않는 '평등교육'이기 때문이다.

　둘째, 교육에서 획일적 평등의 추구는 교육기회의 확대 추구로 이어진다. 고교전입운동의 주장이 보여 주듯이 테스트로 측정한 학력에 의하지 않고 누구에게나 고교 입학의 기회를 부여하려 한다. 교육의 평등화를 추구하는 운동이 당연한 귀결로 교육기회의 확대를 촉진하는 것이다.

　더구나 이러한 평등원칙에 기초한 교육 확대는 다양한 교육의 확대가 아니라 동일한 종류의 교육 확대였다. 진학자와 취학자 간의 차별은 고교 교육이 확대되면서 보통과와 직업과 간의 차별로 전환되었다. 경제심이나 후에 중교심이 추진하려 한 후기중등교육의 '다양화' 노선과는 달리 동일한 종류의 교육, 즉 보통과 고교의 확장을 추구하는 운동이 거듭되는 것이다.

셋째, 이러한 평등주의를 기반으로 한 교육의 확대는 결과적으로는 업적주의의 대중화를 추진하는 힘이 되었다. 우선, 무엇보다도 능력=평등주의를 기반으로 한 교육의 확대요구는 학력취득 경쟁에의 참가자를 확대시키는 데 크게 기여했다. '출생'과는 무관하게 누구나 노력하면 '100점'을 받을 수 있고, 누구에게나 능력의 무한한 가능성이 있다고 하는, 능력=소질결정론을 부정하는 능력=평등주의는 결과적으로 노력주의를 확산시켰으며 '출생'과는 무관하게 누구에게나 교육에서 성공할 수 있는 기회가 부여된다는 점을 강조했다. 능력주의적 교육에 대한 반발에서 탄생한 이러한 능력=평등주의적 인식이 학력사회가 전제로 하는 교육을 통한 '재탄생'이라는 주장과 결합된 것이다. 누구나 노력하면 교육을 통해 성공할 수 있으니, 누구에게나 동일한 교육을 부여할 것을 추구하게 되고, 그 결과 보다 많은 사람이 동일한 교육 무대에서 경쟁을 반복하게 되었다. 한편으로는 교육에서 경쟁을 부정하지만 역설적이게도 능력주의 교육을 비판하는 논의가 교육에서의 경쟁으로 사람들을 이끄는 역할을 담당한 것이다.

제4장에서 검토했듯이 미국이나 영국에서도 '객관적'으로 조사해 보면 높은 학력취득이 사회적 성공으로 이어지는 것은 분명하다. 그러나 교육을 통해 '출생'의 영향을 소거하고 '재탄생'할 수 있다는 감각은 특히 전후 일본에 특징적인 인식이었다. 여기서 검토하는 능력=평등론 또한 이러한 '재탄생' 신앙을 강조한다. 미국이나 영국에서는 학교 성적이나 능력

이 어느 정도 소질적인 요소에 의해 결정된다는 시각이 보급되어 있다. 소질결정론을 강하게 거부하는 능력관이 1960년대 이후의 일본사회처럼 교육의 구석구석에까지 확산되어 있지는 않은 것이다. 능력=소질결정론이 비교적 강하게 뿌리내린 사회에서는 능력별로 학생을 지도하는 것이야말로 평등한 교육이라고 본다. 능력에 따라 교육을 제공하는 것이 중시되는 것이다. 물론 또 한편으로는 이러한 능력별 지도가 결과적으로 아동의 진로 선택을 좁히고 제약하는 결과를 초래한다는 점도 자주 지적되는 사실이다. 이에 비해 '누구나 노력하면……'을 강조하는 전후 일본 학교에서는 학력취득경쟁에의 참가를 가로막는 장벽은 특히 낮은 것으로 간주되었다.

넷째, 능력주의적 교육에 대한 비판은 경쟁조건의 균질화, 평준화를 꾀하는 데 다대한 공헌을 했다. 학생들에게 차별감을 주지 않기 위해 누구에게나 동일한 평가기준을 적용하는 것이 중시된다. 따라서 다원적 평가기준을 도입하기보다 동일 기준으로 평가하는 것이 평등한 교육이라고 이해되었다. 평가의 형식적 균질화를 도모하는 것이 평등이라고 받아들인 것이다. 다양한 평가기준이나 주관적인 평가방법은 '차별감'을 조장하거나 공평함을 결여할 위험이 있다며 경원시되었다. 결과적으로 평가기준과 평가절차의 일원화가 진행되었고 그것이 역설적이게도 단일한 '객관적' 기준으로 측정되는 학력의 일원적 서열화를 강화하게 되었다.

이렇게 해서 업적주의가 대중적 규모로 확대되는 동시에 동일한 기준에 따라 형식적으로 공평한 선발을 행하는 기반이 만들어졌다. 누구나 학력취득 경쟁에 절차상으로 동일한 조건하에서 참가할 수 있다. 그리고 무엇이 판정 기준인지 누구나 알기 쉬운 방식으로 선발이 행해진다. 선발의 틀을 파악하기는 아주 쉽다. 자신이 전체에서 어디에 속해 있는지, 장래의 성공 가능성은 어느 정도인지 상당히 정확하게 예측해 준다. 선발의 공평함에 대한 추구가 이처럼 엄밀하고 알기 쉽고 가시적인 선발의 틀을 만들어 낸 것이다.

더구나 전후 일본에서는 입학시험의 엄밀함이 선발의 공평함을 보증하는 것으로 받아들여졌다. 교육기회의 경제적 장벽이 축소됨에 따라 사람들은 누구나 경쟁에 참가할 수 있다고 믿게 되었다. 그리고 누구나 동일 조건에서 시험을 치른다. 결과가 다르게 나와도 시험이라는 평가방법의 형식적 평등성이 선발의 공평성을 보증한다. 선발의 형식적 평등성 확보가 선발의 공정함을 낳는다고 하는 믿음이 만들어진 것이다. 따라서 결과적으로는 특정한 계층 출신자에게 유리한 결과가 된다 해도 절차상의 공평함이 결과의 불평등을 용인하는 기반을 만들어 낸다. 이렇게 볼 때 전후교육에서 철저한 평등주의 강화는 경쟁 이전에 만들어지는 사회적 불평등을 불문에 부치는 역할을 담당했다고 할 수 있다.

다섯째, 차별감 발생을 기피하는 철저한 평등주의는 이러한 시스템을 통해 선발되는 엘리트들의 의식에도 영향을 미치지 않을 수 없었다. 차별감 발생을 억제하려는 교육을 경험함으로써, 차별감을 느끼지 않고 살아갈 터인 학력엘리트들 또한 비엘리트들에게 차별감을 주지 않으려는 심성을 갖게 된 것이다.

이러한 평등주의를 몸에 익힌 학력엘리트의 특징은, 예를 들어 그들이 다른 사회의 문화와 접촉하는 장면에서 드러난다. 개발도상국에 파견된 엘리트 기업가 일가가 현지에서 운전수나 하녀를 제대로 부리지 못한다는 이야기가 있다. 기업가 일가는 비록 일류 학력을 취득했지만 '신분'이나 '계급' 차이에 따라 타자를 대하거나 낮은 지위 사람들에게 명령을 내리는 데 서툴다는 것이다. 이러한 이문화와의 마찰은 일본의 학력엘리트들이 특권의식을 노골적으로 표명하는 것을 기피하는 심성을 내면화했기 때문이다. 외국이라는 의미의 이문화만이 아니라 불평등사회라는 이문화와 접촉할 때의 당황스러운 반응은 바꿔 말하면 전후 일본의 학력엘리트들에게 침투한 평등주의를 보여 준다. 이러한 평등주의 심정을 지닌 '엘리트'를 낳을 정도로 전후 일본은 대중화가 진전된 사회를 만들었다. 특정한 문화적 아이덴티티를 반석으로 하여 만들어진 것이 아니라 대중과의 연속선상에 존재하는 학력엘리트들, 평등주의를 기반으로 확대된 교육은 대중교육사회에 특유한 엘리트를 만들어 내는 데 다대한 공헌을 했다고 할 수 있다.

여섯째, 이러한 평등주의를 기조로 하여 확대된 교육은 교육에서 구조적인 '불평등 문제', 즉 우리가 '계층과 교육' 문제로 부르는 문제에 대한 시선을 결과적으로는 닫아 버림으로써 대중교육사회의 완성에 기여했다.

1960년대에 확립된 능력주의적 차별교육이라는 교육인식에서는 1950년대의 소박한 차별교육관과는 달리 빈곤이라는 사회적 범주와의 의미 관련이 희박해졌다. 가난하기 때문에 진학할 수 없는 아동의 차별감을 문제 삼는 시선 대신에 공부 못하는 학생의 열등감이 문제가 된 것이다. 나아가 전국교연집회에서는 앞서 인용한 '빈곤과 불안전한 생활환경 탓에 만들어진 학업성적의 저하는 당연한 귀결인지도 모른다'는 시각은 '뭇매질'당하고 '가난한 사람이 지능이 낮다고 보는 시각에 문제가 있다'고 하는 인식이 지배적이었다. 이러한 능력관이 정착하고 나아가 고도성장기를 맞이하여 빈곤 자체가 점차 사회적 장면에서 사라지면서 사회계층이라는 범주와 능력차를 관련짓는 시각 또한 서서히 희박해졌다. 실제로 일교조 전국교연집회의 장에서도 계층과 교육의 관계에 관한 실태조사는 1960년대 이후 거의 보고되지 않았다. 계층문제가 다루어지는 경우에도 사회주의적 계급론에 입각한 사변적 논의가 중심을 이루게 되었다.

계층이라는 시각이 희미해지는 과정은 동시에 개인의 능력차에 따른 서열이 차별감을 주기 때문에 그러한 서열화는 배제해야 한다고 하는 교육문제 구성방식이 정착하는 과정이기도 했다.

그것을 보여 주는 상징적 발언을 1961년 교연집회 논의에서 찾아보자.

> '보충수업은 차별교육으로 이어진다. 교육이 어디까지 왜곡되어 있는가를 확인
> 해야 한다'는 견해에 따라 보충수업을 철폐한 몇몇 실천 사례가 보고되었다. 히로
> 시마에서는 점수를 매기지 않고 통지표도 내지 않는 곳이 있다.

보충수업은 차별교육이라는 논의와 완전히 동일한 맥락에서 '점수를 매기지 않고 통지표도 내지 않는 곳이 있다'는 보고가 이루어지는 것이다. 보충수업은 취업할 학생에게 차별감을 주기 때문에 문제라는 논리와 같은 수준에서 점수를 매기거나 통지표를 내주는 것 또한 차별교육으로 기피된 것이다. 학력에 따라 학생에게 차이를 부여하는 것 일체를 차별감을 일으키는 교육으로 비판하는 시각이 여기에 상징적으로 드러나 있다.

이러한 교육인식에서 '평등한 교육'이란 차별감을 주지 않는 교육이다. 이는 거꾸로 말하면 학생들이 불평등감과 차별감을 느끼지 않는 한, 교육에서 평등/불평등 문제는 주요 논점이 되기 어렵다는 것이기도 하다. 결국 개인의 의식이나 감정과는 별개로 존재하는 교육 불평등이라는 '객관적' 사실을 시야에 넣지 않고도 교육에서 '차별'과 '불평등'에 관하여 이야

기할 수 있는 것이다. 심지어 '능력'이나 '학력'의 계층차를 문제 삼는 것 자체가 불우한 계층 아동들에게 차별감을 주는 인식이라며 기피되기조차 한다. 가난한 탓에 진학할 수 없는 학생들의 차별감을 문제시하는 소박한 차별교육관에서는 교육에서 계층과 불평등에 대한 시선이 당연한 것으로 포함되어 있었다. 그런데 소박한 차별교육관은 '불평등' 문제에 대한 시선이 약화되면서 결국은 능력차에 기초한 차별감을 심정적으로 문제 삼는 시각으로 변질된다. 그 결과 교육에서 '불평등' 문제는 사각에 놓이게 되고, 교육의 과정에서 차별감을 만들어 내는 사태 자체를 '불평등'으로 간주하는 시각이 교육 불평등 문제의 중심을 점하게 된다. 구조적으로 발생하는 교육의 '불평등'은 외면한 채로 대중을 학력취득경쟁으로 끌어들이는 틀이 이렇게 해서 완성된 것이다.

〈부기〉 이 장의 일부는 「능력주의와 "차별의 조우"能力主義と "差別" との遭遇」라는 제목으로 『教育學年報3』(世織書房, 1994)에 발표된 논문을 기초로 한 것이다. 이 책에 수록하도록 허락해 주신 편집위원 분들께 감사드린다.

결론

대중교육사회의 동요

전후 일본사회의 형성과 교육

———

교육이 대중적 규모로 확대되고 사회의 대중화가 진전되었다. 교육을 통해 계층적 질서가 재편되었고 중류의식이 확산되었다. 전후 일본에서는 1950~1970년대를 통해 대중교육사회로 부를 수 있는 사회가 만들어졌다. 그것이 언제 완성되었는지를 명확하게 특정하기는 쉽지 않다. 아마도 교육에 대한 대중의 동원이 최고조에 달하고 평등주의가 사회 구석구석까지 확산되었으며 '중류' 의식을 가진 사람들이 전체의 90%를 넘어서는 1970년대 중반 무렵이라 할 수 있을 것이다.

교육에 대한 대중의 동원, 업적주의의 대중화, 형식적 평등의 추구, 뚜렷한 문화적 아이덴티티를 갖지 못한 학력엘리트의 출현, 그리고 교육에서 '불평등'을 외면하는 평등신앙 등을 특질로 하는 대중교육사회의 성립은 전후 일본에 어떤 영향을 미쳤을까.

첫째, 경제적인 면에서 대중교육사회는 경제성장에 극히 적합한 조건을 제공했다. 교육 보급이 경제성장에 중요한 요인의 하나라는 것은 '인간자본론'을 끌어들일 필요도 없이 잘 알려진 견해다. 그러나 근로자의 지식과 기술 수준을 높이는 식으로만 교육이 경제에 기여하는 것은 아니다. 협동심을 길러 기업조직의 일체감을 높이고 조직 내 사회관계의 마찰을 억제한다. 업적주의적 심정을 지닌 근로자를 길러 낸다. 나아가 노동력 배치를 순조롭게 만든다. 평등주의를 기조로 하면서도 이처럼 능력주의에 철저하고, 더구나 내부적으로 분열된 사회층은 생기지 않는 사회를 만들어 내는 데 있어 전후 일본의 교육은 다대한 공헌을 했다. 교육을 통한 대중사회의 형성은 전전까지 존재했던 신분과 계층의 각인을 없애고 노사 간에 우호적 관계를 만들어 내는 데 중요한 역할을 담당한 것이다. 이런 의미에서 대중교육사회는 고도로 유연한 경제운영을 가능하게 만드는 조건을 준비했다고 할 수 있다.

둘째, 사회의 계층적 질서 형성 면에서 볼 때에도 대중교육사회는 중요한 역할을 담당했다. '객관적'으로 비교하면 학력이 이후의 사회적 성공으로 이어지는 정도는 일본만이 극단적으로 높은 것은 아니다. 그럼에도 제1장의 모두에서 소개한 일본과 미국 비교가 보여 주듯이 일본의 학생들은 학교 성적에 따라 장래가 결정된다고 생각하는 경향이 강하다. 학교에서의 성공과 실패가 장래를 좌우한다는 생각이 객관적으로 측정된 학력의 효과 이상으로 사람들에게 강하게 의식되고 있다. 학력사회라는 사회인식에 지배되는 사람들의 의식에 주목할 때 교육이 사회의 계층화에서 담당한 역할은 객관적으로 측정되는 사태 이상으로 컸던 것이다.

셋째, 사회 계층질서의 정당화라는 면에서도 대중교육사회가 기여하는 바는 컸다. 대중사회는 평등사회와 동일하지 않다. 불평등이 존재하는 사회다. 그러나 사회의 대중화는 사회적 불평등을 큰 문제로 받아들이지 않는 심리적 기반을 만들어 낸다. 사람들 의식의 기저에 평등의식을 심어 주고 나아가 학교를 통해 형성되는 불평등을 수용하게 만든다. 평등관과 '중류' 의식을 형성하는 데 전후교육이 담당한 역할은 적지 않다. 대중교육을 통한 대중사회의 탄생은 학교라는 장에서 나타나는 사회적 불평등을 정당한 것으로 수용하는 심리적 기반을 만들어 낸 것이다.

불평등의 재생산-효과적인 정당화 메커니즘

———

업적주의가 사회의 편성 원리인 근대사회에서 불평등의 생성과 정당화는 학교에 맡겨진 중요한 역할이다. 교육을 통해 측정되는 '업적^{merit}'을 기초로 사람들을 사회경제적 지위에 배치한다. 선진산업사회에서는 어디서나 교육을 통한 업적주의가 사회적 불평등의 생성과 정당화에 크게 관련되어 있다.

그런데 이 책에서 밝혔듯이 교육을 통한 업적주의라 해도 그 구체적인 과정은 사회에 따라 크게 다르다. 예컨대, 제1장에서 다루었듯이 영국이나 프랑스에서는 교육의 장에서 업적을 측정할 때 논술식 시험이나 구술시험이 중시된다. 그 경우 정확한 어법이나 악센트, 레토릭의 사용과 같은 주로 언어표현과 관련된 출신계층의 문화가 업적평가 과정에 개입한다. 계층문화와 시험으로 측정되는 문화 간 거리가 가까운 것이다. 결과적으로 학교에서 성공할 기회는 어떤 계층문화를 몸에 익혔는가—바꿔 말하면 어떤 가정에서 태어났는가—에 따라 좌우된다.

가정에서 부모가 자식에게 전달하는 계층문화를 매개로 하여 사회적 불평등이 재생산되는 메커니즘을 '문화적 재생산'이라 한다. 학교는 이러한 문화적 재생산 과정에서 상속된 계층문화—프랑스의 사회학자 부르디외가 말하는 '문화자본'—를 학교에서의 성공으로 변환시키고 그를 통해 불평등을 정당화하는 중요한 기관으로 간주된다.

그런데 일본의 경우는 어떨까. 제3장에서 밝혔듯이 분명 전후 일본사회에서도 어떤 가정에서 태어났는가에 따라 학교 성적이 달라지고 어떤 학력을 얻는가가 달랐다. 그런 의미에서 일본에서도 교육을 통해 불평등의 재생산이 이루어지고 있음은 틀림없다. 가정에서 전달되는 문화자본이 학교에서 학업능력으로 변환되고 세대 간의 불평등이 재생산되는 틀은 일본에서도 작동했다.

그러나 다른 한편으로 일본에서는 학교에서 측정되는 업적=메리트는 특정 집단이나 계층이 전통적으로 점유하는 문화로부터 도출된 것은 아니라고 간주된다. 바꿔 말하면 학교에서 공부하는 내용이나 시험문제 내용은 어느 집단의 문화에도 속하지 않는 '중립적'인 것처럼 보인다. 적어도 프랑스나 영국의 경우와 비교하면 특정한 계층문화와 학교에서 평가되는 업적이 뚜렷하게 중첩되지는 않는다고 할 수 있다. 학력취득에 따른 '재탄생'이 가능하다고 믿는 배경에는 계층문화의 각인을 소거하기 쉽다고 하는 일본 학교체제의 특질이 있었던 것이다.

그렇다면 계층문화로부터 '중립적'으로 보이는 업적을 통해 불평등의 재생산이 일어난다는 것은 사회적으로는 어떤 의미를 지니는가.

하나의 해답은 학교가 불평등의 재생산에 기여하는 사태를 보기도 어렵고 문제 삼기도 어렵다는 것이다. 학교에서 평가되는 학력과 특정한 계층문화 간의 근친성이 누가 봐도 분명한 경우 학교가 불평등의 재생산에 기여한다는 사실이 사회적으로 문제가 되기 쉽다. 언어표현에서건 태도나 행동양식에서건 아동들이 계층문화의 각인을 강하게 받고 있으며 더구나 학교가 그러한 계층차를 업적으로 연결시키는 틀을 취할 경우, 학교에서 어떤 가정 출신 아동이 유리한지 혹은 불리한지가 쉽게 드러나기 때문이다.

프랑스나 영국에서 혹은 인종 문제로 볼 때 미국에서 '문화적 재생산' 논의가 활발하게 이루어진 것도 계층문화를 매개로 한 불평등의 생성이 눈에 보이는 리얼리티를 갖고 있기 때문이다. 학교는 모든 계층의 아동을 공평하게 대하고 어느 아동에게나 학교에서 성공하는 데 있어 동일한 조건을 부여할 것이라는 믿음에 대해 의심이 제기된다. 계층 '문화'가 두드러지게 나타나는 이들 사회에서는 학교를 통한 불평등의 재생산이 뜻하지 않게 균열을 드러낸다.

그에 비해 일본의 학교는 그러한 균열을 거의 밖으로 드러내지 않은 채 근사하게 불평등의 재생산 기능을 담당해 왔다. 일본에서도 가정에서 전달되는 문화자본이 학교에서 성공을 좌우하는 것은 분명하다. 문자와 숫자 등의 기호를 조작하는 능력, 논리를 추구하는 능력, 사물을 바라볼 때 구체에서 추상으로 비약하는 능력. 어떤 가정, 어떤 문화적 환경에서 성장했는가에 따라 아동들이 이러한 능력을 획득하는 수준이 달라진다는 점을 부정하기 어렵다. 그리고 이러한 능력의 차이가 학교에서 성공과 실패를 좌우할 것이라는 점도 용이하게 상상할 수 있다. 그럼에도 일본의 경우에는 학교에서 측정되는 학력은 특정한 계층문화로부터 '중립적'인 것으로 간주된다. 더구나 생득적인 능력 차이를 애써 부정하고 '아동 누구에게나 무한한 능력, 무한한 가능성이 있다'고 보는 능력=평등관이 확산되어 있다. 성장환경의 차이와 성적 간의 관계를 연결시켜 보는 것 자체가 아동에게 차별감을 주지나 않을까 조심한다. 누구나 노력하면 '100점'을 받을 수 있다는 노력주의 신앙도 뿌리가 깊다. 제3장에서 밝혔듯이 일본에서도 '객관적'으로 보면 아동의 출신가정과 성적 사이에 상관관계가 보이지만 그러한 사실 자체를 교육실천에서 외면하는 경향이 강하다. 그 때문에 대중교육사회가 완성에 달한 이후에는 일본의 교육체제가 특정 계층이나 집단에게 유리하게 작동하고 있다는 사실을 많은 사람이 직감적으로 느끼지 못하게 되었다. 그 정도로 교육을 통한 사회의 대중화가 진전된 것이다. 실제로는 학교를 통해 불평등이 재생산되고 있음에도 그러한 사실에 주목하지 않는 틀이 작동하고 있다고 할 수 있다.

불평등을 재생산하는 동시에 그러한 사태를 문제 삼는 시선을 가로막는, 불평등을 정당화하는 가장 유효한 방법이 대중교육사회가 성립하면서 만들어진 것이다.

대중교육사회의 동요-교육개혁의 방향성과 그 사회적 의미

그러나 1970년대 중반에 완성된 대중교육사회는 기반에서부터 동요되기 시작하고 있다. 일본형 대중사회는 능력주의와 평등주의를 절묘하게 결합한 교육을 기축으로 하여 편성되었다. 그 교육이 바야흐로 크게 변화하고 있다. 그에 연쇄하여 대중사회의 양상에도 변화의 조짐이 나타나기 시작하는 것이다.

1985년 임시교육심의회 이후, 교육개혁의 방향으로 등장한 키워드는 '교육에서의 개성중시', '교육의 자유화', '학력사회의 시정' 등이다. '학교교육의 획일성'을 타파하고 '형식적 평등주의'를 폐지한다, 교육을 입시경쟁의 멍에로부터 해방한다 등의 모토를 내걸고 개성과 창조성의 신장을 변화 방향으로 설정하는 교육개혁이 제창되어 왔다.

실제 정책 면에서도 5일제 수업 도입, 단위제 고교와 종합과 창설 등 고교 교육개혁, 중학교에서 민간기업테스트와 편차치의 배제, 개성을 중시하는 입시제도, 창조성과 '생각하는 힘'을 중시하는 '신학력관'에 기초한 학습지도요령 개정 등 이전까지의 능력주의와 평등주의를 뒤흔드는 개혁이 실시되고 있다.

다른 한편, 대도시권을 중심으로 사립중학 붐이 일어나는 등 공립학교보다 사립학교의 인기가 높아지는 현상이 나타났다. 또 공립학교를 포함하여 학교 선택의 폭을 보다 확대해야 한다는 교육 '자유화론'도 등장했다.

교육을 둘러싼 이러한 최근 동향은 교육에서 '규제완화', 교육에서 '민간활력' 이용이라는, '전후사회의 총결산'을 표방하는 '신보수주의'의 교육판이라 할 수 있는 방향을 보여 준다. 규제완화와 선택의 자유 확대. 이러한 교육의 변화는 무엇을 의미하는가. 교육학자들은 교육이라는 세계에 한정하여 그 의미를 찾으려는 논의를 거듭해 왔다. 민간기업테스트를 폐지하면 중학교 진로지도를 진짜 '정상화'할 수 있는가. 신학력관에 의거한 교육과정 편성은 아동의 창조성을 진정으로 신장시킬 수 있는가. 5일제 수업의 도입으로 아동 생활에 '여유ゆとり'가 생기는가 등등. 교육학자나 현장 교사, 교육평론가들 사이에 다양한 논의가 전개되고 있다.

그러나 이러한 일련의 교육 변화는 교육이라는 세계를 한걸음 벗어난 곳에서는 어떤 의미를 지니는 것일까. 교육과 사회를 연결 지어 문제를 검토하는 논의가 충분하다고는 할 수 없다. 교육 논의에 참가하는 사람들은 대체로 교육 전문가나 실천가들이며 사회과학자들이 그러한 변화의 사회적 의미를 되짚어 보려는 시도는 별로 이루어지지 않았다.

현재 일어나고 있는 교육의 변화가 가리키는 방향은 일본사회에 어떤 문제를 던져 주게 될까. 교육 변화의 사회적 의미를 이해하기 위해서는 이러한 변화의 사회적 맥락을 정확히 이해해야 한다.

이 책에서 했던 작업이야말로 그러한 사회적 맥락의 이해에 다름 아니다. 대중교육사회라는 맥락에 비추어 볼 때 지금 교육 세계에서 일어나고 있는 것이 앞으로 일본사회에 어떤 의미를 지니게 될지를 고찰하는 단서를 얻을 수 있다.

대중교육사회에서 새로운 계층사회로

현재 일어나고 있는 교육 변화가 대중교육사회를 지탱해 온 이제까지의 교육에 대한 반성에서 출발하고 있음은 분명하다. 보다 정확히 말하면 개혁이 추구하는 방향은 이제까지 전후 일본 교육에 내재한 능력주의와 평등주의로부터 벗어나는 것이다. 입시경쟁의 완화, 형식적 평등주의의 부정, 학력사회의 시정 등과 같은 개혁 구호를 보면 알 수 있다. 개성 중시 교육이나 창조성을 기르는 교육이라는 가치가 제시되는 경우에도 종래의 교육에 대한 반성에 입각하고 있음은 분명하다.

교육론으로만 말한다면 지금 추구하는 방향은 분명히 많은 합의를 얻을 수 있을 것이다. 여전히 미온적이라고 비판할 수는 있어도 교육이념으로서의 개성중시 교육, 창조성 육성을 정면으로 반박할 수는 없다. 특히 학력사회와 능력주의, 입시경쟁이라는 종래 교육에 대한 비판적 시각이 상식이 되어 있는 상황에서 그것과는 다른 방향을 추구하는 것으로 보이는 최근의 교육 변화 동향은 환영될지언정 엄격한 반대에 부딪히지는 않는다. 예전에는 문부성 정책을 그토록 사사건건 비판해 왔던 일교조나 '진보적' 교육학자들도 최근 동향에는 거의 입을 다물고 있다. 교육의 세계만 볼 경우 이러한 교육 변화는 많은 사람이 합의하는 방향으로 진행되고 있는 것으로 보인다.

그러나 교육문제를 사회로부터 분리시켜 논하는 한 교육의 변화가 사회에 어떤 영향을 미치게 될지는 알 수 없다. 대중적 규모의 교육 확대, 업적주의의 대중화 상황, 학력엘리트의 형성, 능력주의와 평등주의를 절묘하게 결합시킨 전후 일본의 교육은 이 책에서 밝혔듯이 전후 일본의 대중사회화 상황을 창출한 중요한 조건이었다.

능력주의와 평등주의의 결합을 변화시키고 새로운 교육이념을 교육현장에 도입하는 것은 교육과 사회의 연결 방식을 변화시키는 일이다. 그러한 변화는 사회에 어떤 영향을 초래할까. 예를 들어, 민간기업테스트 및 편차치의 배제, 개성을 중시하는 다원적 평가에 따른 입학자 선발 사례를 응용문제 삼아 고찰해 보자.

편차치교육 이후의 향방

문부성은 1993년 고교입시부터 민간기업테스트와 편차치를 공립중학교에서 배제했다. '본래의 교육'에 비추어 필요악으로 간주된 편차치에 따른 선발을 공립학교에서 배제한다. 분명 편차치라는 '속(俗)'된 부분을 제거함으로써 공교육은 '성역화'될 수 있었던 것 같다. 그러나 필요악은 그 필요성이 존재하는 한 공교육 밖에서 계속 유지된다. 그 결과 합격 여부를 예측하는 자료는 테스트업자나 입시학원 등 공교육의 외부로 맡겨지게 되었다. 입시산업이라는 그늘의 교육과 공교육의 이중구조가 예전 이상으로 진행되고 있다.

형식적으로 보면 공립학교는 점점 '바람직한 교육'에 가까워졌다. 그런데 '속'을 제거한 교육이 얼마만큼 사람들의 현실적인 요구를 충족시킬까. 행정책임이 미치는 범위에서는 분명 편차치라는 '악'이 배제되지만 거꾸로 공적인 통제가 미치기 어려운 곳에서 '진짜^{本音}' 입시교육이 확산된다. 이러한 교육의 이중구조하에서는 입시학원에 다니는 학생일수록 유리해진다. 그 결과 교육기회의 사회계층 간 격차가 지금 이상으로 확대될 것으로 예상된다.

게다가 고교입시에서 편차치를 폐지해도 전혀 영향을 받지 않는 사람들이 있다. 사립 중고일관교에서 배우는 학생들이다. 그들의 시험은 공립중학교와는 아무 관계가 없다. 공립학교 밖에서 편차치에 기초한 엄밀한 진로지도가 행해지는 것이다. 그들은 도쿄대를 비롯한 '일류대학' 진학에 유리한 존재이며 대도시 부문에 거주하는 부유한 계층 출신자다. 입시교육으로부터 공립중학을 성역화할수록 대도시 부문은 점점 공립중학교에서 벗어나려 하지 않을까. 결과적으로 일부 계층에게 유리한 상황이 조장되고 나아가 대도시와 지방 간 교육격차가 더욱 확대되지 않을까. 교육선발 시기가 연령적으로 낮아지는 것도 특정 사회계층 출신자에게 유리하게 작동할 것이다.

그렇다면 테스트로 측정되는 학력만이 아니라 스포츠, 문화, 봉사활동 등을 포함하여 '다원적'이며 '다양한' 방식으로 '개성을 중시하는' 입학자선발을 실시하면 어떻게 될까. 입시경쟁의 완화, 입시교육으로부터의 해방을 추구하는 논의에서 보면 이론^{異論}의 여지가 없이 옳다고 하겠지만 거기에 사각지대는 없을까.

형식적인 평등성을 통해 선발의 공평성을 확보해 온 전후 일본에서는 지금까지 주관식 평가를 받아들이는 전통이 약했다. 종래의 입시처럼 일본에서는 형식적으로 사람들을 공평하게 다루는 절차가 선발의 공정함을 뒷받침해 온 것이다. 그러한 사회에서 '개성'처럼 해석의 폭이 넓은 기준을 선발에 사용하게 되면 계층문화로부터 '중립적'으로 간주되는 학력이라는 잣대 이상으로 아동이 자란 가정의 영향력이 커질 가능성이 있다. 개성을 중시한다지만 모든 개성에 가치가 부여될 리는 없다. 또 모든 아동이 높은 가치가 부여되는 개성을 갖고 있는 것도 아니다. 개성 역시 불평등하게 존재할 가능성이 있다.

높이 평가되는 개성의 소유자는 어떤 가정의 아동일까. 아동이 자란 가정의 문화적 환경만이 아니라 스포츠교실이나 사설 학원 참가 경험이 결정하게 될지도 모른다. 스포츠교실이나 사설 학원 참가가 부모의 학력이나 직업과 관련된다는 것은 이미 잘 알려진 사실이다. 따라서 다양한 평가기준을 선발에 활용하면 사회계층의 영향을 학력과는 다른 방식으로 선발에 끌어들일 가능성이 있다.

또 주관적 평가를 도입하게 되면 평가자의 문화적 배경과 주파수에 부합하는 '개성'에 높은 가치를 부여함으로써 특정한 계층 출신자에게 유리하게 작동하지는 않을까. 제1장에서 언급한 미국의 유치원처럼 교사의 주관적 평가가 교실 안으로 '차별'을 끌어들일 가능성을 부정할 수 없다.

창조성과 생각하는 힘을 강조하는 '신학력관'의 경우에도, 그에 따라 성적평가가 이루어진다면 지금 이상으로 가정에서 아동이 익힌 계층문화의 영향이 학교에서의 성공을 좌우하게 될지도 모른다. 계층문화로부터 '중립적'이라고 간주되어 온 종래 학력의 경우에도 거기서 드러나는 능력은 어느 계층에게나 평등하게 주어져 있지 않았다. 그와 마찬가지로 혹

은 그 이상으로 '창조성'이나 '생각하는 힘'이 누구에게나 동일하고 평등
하게 주어져 있다고 보는 시각 또한 사실에 의해 배반당할 가능성이 있
다. 더구나 이처럼 선발과 평가의 틀이 복잡해질수록 그러한 관계 자체
를 보기가 어려워진다. 나아가 학력의 내용을 '단순한 암기력'이 아니라
창조성, 생각하는 힘으로 '개선'하면 평가되는 학력 자체를 종래 이상으
로 정당한 것으로 받아들이게 된다. 이처럼 평가의 틀이 단순하고 알기
쉬운 것에서 복잡하고 파악하기 어려운 것으로 변해 가는 것은 그러한
틀을 교묘하게 이용할 수 있는 계층에게 유리한 환경이 된다.

그럼에도 대중교육사회하에서 이제까지 교육문제를 바라보았던 방식
을 유지한다면 사회계층 간의 교육격차가 외면당하는 사태가 계속될지
도 모른다. 혹은 '개성'이나 '창조성' 중시라는 구호가 교육격차를 문제 삼
는 시선을 다시금 차단할 가능성이 크다. 더구나 교육을 통해 계층분화
가 고정·유지되면서도 그 격차는 더 이상 가정의 경제력이 만들어 내는
것이 아니다. 지금까지 이상으로 가정문화의 차이가 결정한다. 경제적
차이가 교육기회를 좌우할 때는 장학금 정책을 비롯한 재정 원조를 통해
교육의 평등화를 어느 정도 꾀할 수가 있었을 것이다. 그러나 가정의 문
화 차이에서 비롯된다면 사태를 그렇게 간단하게 해결할 수는 없다.

교육 불평등을 둘러싼 삼중고

교육을 통해 평등을 실현하는 어려움을 미국의 사회철학자 피시킨
(James S. Fishkin, 1987)은 '삼중고^{trilemma}'라 불렀다. 피시킨에 따르면 평등

에 가치를 두는 자유주의체제하에서는 다음 세 원칙을 동시에 충족시키기가 어려운 삼중고 상태가 된다고 한다. 세 원칙이란 ① 업적, ② 생활기회의 평등, ③ 가족의 자율성이다.

업적의 원칙이란 사회적 지위에 사람들을 배치할 때 그가 무엇을 할 수 있는가 하는 '능력'을 기준으로 활용하는 것이다. 생활기회의 평등이란 '출생'에 따라 아동의 장래 사회적 지위가 구조적으로 크게 영향받지 않아야 하고, 장래 생활의 전망은 출생에 의해 제약받지 않고 평등하게 이루어져야 한다는 원칙이다. 그리고 가족의 자율성은 양육의 책임이 부모에게 있고 외부의 간섭을 최소한으로 해야 한다는 원칙이다.

이들 세 원칙 중에서 두 가지를 충족시키면 다른 하나가 성립할 수 없게 된다. 예를 들어, 업적의 원칙과 생활기회의 평등 원칙을 충족시키려 할 경우, 사회는 어떤 가정에서 자라는가에 따라 능력의 차이가 발생하지 않도록 육아를 사회의 통제하에 두어야만 한다. 그대로 놔두면 문화자본의 차이에 따라 특정한 계층이 유리해지기 때문이다. 예를 들어, 아동의 집단보육을 행하여 가족별 문화자본의 상속을 사회적으로 통제해야 한다. 그러나 여기서 가족의 자율성이라는 셋째 원칙이 무너진다.

또 생활기회의 평등과 가족의 자율성 원칙을 충족시키려 하면 능력의 차이를 무시한 형식적, 기계적인 평등이 확보된다. 이는 첫째 업적의 원칙을 실현할 수 없는 상태다. 그리고 업적 원칙과 가족의 자율성 원칙을 관철시키면 이미 살펴보았듯이 가족별로 문화자본의 전달이 달라짐으로써 둘째 원칙인 생활기회의 평등을 실현할 수 없다.

이러한 삼중고 논의는 아동이 가정에서 익힌 문화의 차이를 매개로 교육 불평등이 발생한다는 것을 전제로 한다. 불평등 문제를 가계 차이나 교육비 지출의 차이로 보는 한, 이처럼 논리적으로 해결하기 어려운 상황이 존재한다는 것을 깨닫기는 어려울 것이다.

가정에서 전달되는 문화의 차이가 결정요인이 된다면 자녀양육의 자유를 보장하면서 교육에서 평등을 실현하는 것은 논리적으로 해결하기 어려운 문제가 된다. 그것을 이제 우리는 싫든 좋든 실감하게 되었는지도 모르겠다. 계층문화의 차이가 보다 직접적인 방식으로 교육의 장에 개입하게 되면 교육 불평등 문제의 난점이 겉으로 드러날 가능성이 있다. 그럼에도 그러한 문제가 공적인 장에서 논의의 대상이 될지 어떨지는 우리가 '교육과 사회'의 문제를 어떻게 바라보는가에 달려 있다. 대중교육사회하에서 만들어진 문제구성의 틀을 유지한 채로 사태의 복잡함을 충분히 고려하지 못하면서 우리는 '포스트전후교육'의 시대로 이행하고 있는 것이다. 대중교육사회의 관성에 사로잡히지 않고 문제 설정 방식을 변화시킬 필요가 있다.

교육으로 무엇을 할 수 없는가를 고찰한다

교육을 둘러싼 논의에는 공통된 특유한 스타일이 있다. 바람직한 이상적 교육을 상정하고 그것을 통해 현상을 비판한다는 것이다. 비판 자체에는 누구도 이의를 달 수 없다. 전제가 되는 바람직한 교육적 이상에는 누구도 정면으로 반대할 수 없는 숭고한(추상적인) 가치가 담겨 있기 때문이다. 한편, 그러한 교육적 이상을 내걸기만 하면 현실적인 문제를 어떻게 해결할 것인지, 그 과정에서 어떤 부작용이 생길지에 관한 구조적

파악을 결여하고도 우리는 교육에 관해 많은 것을 말할 수 있다. 이것이 교육을 둘러싼 논의의 또 다른 특징이다.

분명 지금 우리 눈앞에 펼쳐지는 교육은 학력사회로 인해, 혹은 학력사회가 유발한 입시경쟁에 의해 왜곡되고 황폐해졌다. '능력주의야말로 오늘날 교육황폐의 원흉이다.', '청소년이 비행에 빠지는 것은 학력사회가 낙오자를 만들었기 때문이다⋯⋯.' 이러한 인식을 뒷받침하는 것은 학력사회만 아니라면 혹은 교육이 입시경쟁에서 해방되면 이상적인 교육이 실현된다는 발상이다.

그런데 문제를 이런 식으로 파악하는 것 자체가 보다 큰 문제를 은폐하지는 않을까. 대중교육사회가 동요하기 시작하는데도 문제를 바라보는 쪽은 사라져야 할 예전의 '상식'에 매여 있는 것은 아닐까.

신화란 우리가 세상을 어떻게 보고 거기에 어떤 설명을 부여할지, 그러한 시각을 기초지우는 틀의 체계다. 더구나 신화는 그 타당성을 검증할 수 없다. 타당성을 검증하지 않아도 세상에서 통용되는 시각이 신화다.

롤랑 바르트Roland Barthes에 따르면 신화의 중요한 작용은 "역사를 자연으로 이행시킨다"는 것이다(バルト, 1967: 169). '자연', 즉 당연하게 주어진 것으로 사람들이 느끼는 것. 다시 바르트를 인용하자면 "신화는 세계에 대해 설명의 명석함이 아니라 확인의 명석함을 부여한다"(189). 당연한 것이라고 사람들이 납득하고는 사태의 확인을 마친다. 근거가 제시되지 않아도 '아아, 그렇구나⋯⋯.' 하고 사태의 확인 재료를 제공하기만 하면 신화는 신화로서의 사명을 담당하게 된다.

이렇게 볼 때 학력사회론도 능력주의 교육비판도 현대의 신화다. '학력사회니까⋯⋯.', '성적으로 차별하니까⋯⋯.', '편차치교육이니까⋯⋯.' 타당성의 근거가 제시되지 않아도 이러한 '설명'을 사람들은 받아들이고 사태의 확인을 마친다. 그리고 대체로 거기서 사고는 정지한다. 바꿔 말하면 이들 논의의 '옳음'은 사실에 비추어 본 타당성에 따라 보증되는 것이 아니라 사회에서 통념에 의해 확보되는 것이다.

더구나 이러한 통념을 배후에서 지탱하는 것은 '참된 교육이 실현되려면……'이라는 '바람직한 교육'의 신앙이다(森, 1987). '참된 교육'이라는 관념 자체가 그 실현 가능성에 관해 충분한 근거를 제시하지 않아도 사람들을 납득시킬 수 있는 거대한 신화다. '참된 교육'이 왜곡되어 있다는 인식. 왜곡시키는 '범인' 찾기. 그러나 범인을 거듭 찾아도 '참된 교육'은 실현되지 않는다. '바람직한 교육'이라는 인식 자체가 작은 신화를 포함한 거대한 신화이기 때문이다. 이렇게 교육에 대한 우리의 시선은 교육이라는 세계의 안쪽에 갇혀 있으며 불평등을 비롯한 사회의 구조적 문제와의 접점을 잃은 교육 논의가 반복된다. '개성'이나 '창조성' 강조를 교육 세계만의 문제로 다루는 한 그것이 사회와의 접점에서 어떤 문제를 지니고 있는지를 묻지 않는다. 이러한 시각에 사로잡혀 있는 한, 누구도 '개성'이나 '창조성'이 불평등하게 편재되어 있을 가능성에 관해 염려할 필요는 없는 것이다.

교육의 세계는 이러한 신화로 가득 차 있다. 그렇기 때문에 교육에 관해 말할 때 우리 자신이 신화를 만들어 내고 있지는 않은지 주의할 필요가 있다. 다시금 저 교육이라는 신화 작용의 소용돌이에 휘말리지 않도록, 작은 제언을 하는 것으로 이 책을 마무리하고자 한다.

교육으로 무엇을 할 수 있는가를 고찰하는 것이 아니라 무엇을 할 수 없는가를 고찰할 것.

　　교육에서 무엇을 기대해야 하는가가 아니라 무엇을 기대해서는 안 되는가를 논할 것.

　　이렇게 함으로써 우리는 교육이 그 밖의 세계와 맺고 있는 관계로까지 조금이라도 시선을 확장할 수 있을 것이다. 교육의 변화는 사회에 어떤 '의도하지 않은 결과'를 초래하는가. 사회의 변화는 교육에 어떤 '보이지 않는 효과'를 미치는가. 이를 예측하기 위해서는 '뜨거운 교육론'보다는 교육과 사회에 대한 차가운 검증이 필요하다.

▮ 저자 후기

1995년 4월, 연이어 큰 사건들이 터지는 와중에 교육 세계는 하나의 시대에 조용히 종말을 고했다. 일교조가 방향전환을 뚜렷이 표명하는 「21세기비전위원회」 최종보고서를 발표하며 문부성과의 화해가 성립한 것이다. 이로 인해 오랜 기간 일본 교육을 특징지어 온 문부성 대 일교조라는 대립도식은 소멸했다.

한 시대의 종말은 새로운 시대의 시작을 의미한다. 그러나 새로운 시대를 읽어 내기 위한 명확한 좌표축은 아직 교육 세계에서는 어렴풋하게라도 보이지 않는다.

지금까지 오랫동안 교육 세계에서는 무엇이 좋은 교육이고 나쁜 교육인가를 둘러싼 논의가 계속되어 왔다. 왜 교육 현실이 악화된 것일까. 그 범인 찾기가 교육 논의의 중심 주제였다. 논의의 전제로 학력사회, 입시경쟁 등의 '거대악'을 암묵적으로 설정하는 경향이 강했다. 문부성 대 일교조의 대립이 소멸된 지금도 좋은 교육 대 나쁜 교육이라는 구도는 여전히 우리의 교육 논의를 옥죄고 있다. 개성중시의 교육이건 신학력관에 따른 교육이건 그러한 발상에서 벗어나지 못하는 듯하다.

다른 한편에서는 아무리 해도 변하지 않는 교육에 대한 체념과 비관 때문인지, 근대 비판과 궤를 같이하여 교육 자체의 가치를 의심하는 풍조가 서서히 확산되고 있다. 그런데 교육=근대비판의 새로운 흐름도 교육에

대한 회의를 제기하기는 하지만 아직은 다음 수를 보여 주는 틀이 되지
못하고 있다.

　교육을 둘러싼 논의의 폐색 상황에서 벗어나기 위해 어떻게 해야 할까.
한 가지 방법은 우리가 교육을 논하는 방식 자체의 성립 과정을 논의 대
상으로 삼는 것이다. 우리의 교육 인식을 방향 짓는 틀 자체를 문제 삼는
것을 새로운 논의의 출발점으로 보는 것이다.

　이 책은 그 시도인 동시에 전후 일본사회의 형성과 변용을 교육이라는
창을 통해 비교사회학 방법을 적용하여 새롭게 포착하려 한 시도이기도
하다. 평등한 사회라는 통념이 두루 퍼진 전후 일본사회는 어떤 과정을
통해 성립했는가. 교육의 확대를 긍정하고 추진해 온 사회는 어떤 특질
을 지니게 되었는가. 전후 일본사회가 크게 변질되고 있는 지금, 교육에
초점을 맞추어 이러한 질문에 접근하려 한 것이다.

　그것은 나 자신이 살아온 고도성장기 이후의 일본사회를 읽어 내려는
시도이기도 했다. 고도성장기가 시작되고 55년체제가 성립하는 것과 거
의 동시에 내 개인사가 시작되었다. 도쿄의 시타마치[下町]에서 태어난 나의
학창시절은 이 책이 대상으로 삼은 시기와 대체로 겹친다. 내가 다닌 소
중학교 학구에는 일용노동자 주거지가 포함되어 있었다. 일거리를 찾지
못한 어른들이 거리를 서성이고 있었다. 그 곁을 지나 나는 학교에 다녔
다. '더 이상 전후가 아니다'라는 말이 나온 지 십여 년이 지난 후에도 우
리 동네에는 아직 가난한 모습이 남아 있었다.

　동급생 중에는 이런저런 사정으로 고교에 진학하지 못한 친구들이 있
었다. 중학교 졸업과 동시에 어떤 진로를 선택하는가가 그 후의 인생에
큰 기로가 된다. 친구들과 이렇게 저렇게 헤어지면서 나는 그것을 어렴

풋이 느끼고 있었다. 대학까지 진학한 친구는 많지 않았다. 작은 가게나 동네 공장에서 대를 잇는 친구들이나 그보다 훨씬 어려운 경우에 처한 친구들에게 대학은 인연이 먼 세계였던 것 같다.

대학 야간부를 중퇴하고 작은 회사를 시작한 부친의 사업이 고도성장의 파도를 타고 성공하지 못했다면 나 자신도 과연 대학까지 진학할 수 있었을까. 그에 더해 고교 진학과 대학 진학이 확대된 시기와 우연히 만남으로써 나는 교육의 기회를 얻을 수 있었다. 경제성장과 교육 확대의 시대를 살며 그 은혜를 입은 사람은 나 자신이었는지도 모르겠다.

이 책이 출판되는 데 이번에도 많은 신세를 졌다. 감사의 마음을 전하고 싶다. 도쿄대학교 비교교육사회학연구실의 은사들, 선배들, 대학원생 여러분께 제미ゼミ와 연구회를 통해 다양한 지적 자극을 받았다. 언제나처럼 아내인 나츠코夏子는 최초의 독자로서 엄격한 비평을 해 주었다. 주오코론샤中央公論社의 야마모토 게이코山本啓子 씨는 인내심을 갖고 원고가 완성되기를 기다려 주었다. 이 책이 조금이라도 읽기 쉽게 된 것은 그녀의 도움 때문이다.

마지막으로 내가 좋아하는 길을 마음껏 걸어갈 수 있도록 허락해 주신 아버지와 어머니께 감사의 말씀을 전하고 싶다. 전쟁으로 인해 배우고 싶어도 배울 수 없었던 시대를 살았던 부모들의 경험이 전후교육에 대한 기대를 낳았을 것이다. 그 은혜를 깊이 절감하고 있다.

1995년 4월
가리야 다케히코

▌역자 후기

　일본의 교육과 사회에 대해 최근까지 100여 권에 달하는 방대한 연구 저작들을 발표해 왔고, 일본 교육과 사회 현실에 대한 적극적인 발언도 계속하고 있는 옥스퍼드대학교 가리야 다케히코 교수의 저작들 중 이번에 『대중교육사회의 형성大衆教育社會のゆくえ』을 번역·소개하게 되었습니다. 이는 지금으로부터 거의 30년쯤 전에 발표된 비교적 초기의 작품이지만, 가장 많이 읽혔으며 이제는 거의 일본 교육사회학 분야의 정전과 같은 지위에까지 올랐다고 할 수도 있는 저서입니다.

　이 책이 담고 있는 메시지를 역자가 다시 정리하여 소개할 필요가 없을 만큼 이 책은 가독성이 뛰어난 서술로 되어 있습니다. 여기서는 이 저작이 지닌 힘 또는 매력에 대해 번역자 나름의 생각을 몇 가지 말씀드리는 것으로 그치고자 합니다.

　이 저작이 지닌 매력 중에서 가장 으뜸으로 꼽고 싶은 것은 그것이 일본 교육에 대한 비교사회학적 접근을 시도했다는 것입니다. 이 저작은 일본 교육의 사회학으로 분류할 수 있고, 그 주된 분석의 내용도 일본 교육을 대상으로 한 것입니다. 그러나 그에 접근해 가는 데 있어 가리야 교수는 주로 서구에서 발전해 온 사회학이론을 일방적으로 일본 교육에 적용하는 것도 아니고, 반대로 일본 교육의 구체적인 사실과 그 특징을 평면적으로 소개하는 데 그치지도 않습니다. 이 저작에서는 이론과 현실

간의 팽팽한 긴장 관계를 유지하면서, 서구 사회와 교육이라는 거울에 일본의 그것들을 비추어 보고 후자의 특질을 밝히고자 하는 지적인 격투가 전개됩니다. 예컨대, 이 저작에서 독자들은 유명한 피에르 부르디외의 '문화재생산이론'이 일본의 사회와 교육이라는 '현실'의 특질을 설명하는 데 어떤 한계를 노정하는지를 확인할 수 있을 것입니다. 무엇보다도 그 과정에서 '대중교육사회', '능력주의적 차별선별교육론' 등과 같은 매우 시사에 풍부한 그의 독창적인 개념들이 탄생했습니다.

이 책의 매력으로 꼽을 수 있는 두 번째는 그것이 '신서新書'의 형식으로 서술되고 출판되었다는 점입니다. '신서'는 '문고文庫'와 함께 일본에 독특한 출판 형식으로 정평이 나 있습니다. 특히 신서는 연구자와 지식인들의 학문적, 사상적인 사색의 결과를 학문세계 밖의 일반 대중에게 소개하고 전파하는 매우 '민주적'인 출판 형식입니다. 양적으로도 이 저작처럼 200쪽 남짓한 그리 길지 않은 분량인 데다가 무엇보다 지적 진지함을 잃지 않으면서도 비교적 내용을 쉽게 이해할 수 있는 친절함을 바탕으로 한 서술형식, 게다가 책의 크기도 호주머니에 늘 지니고 다닐 만큼 작은 것이 신서의 특징입니다. 일본에서는 문고나 신서를 지니고 다니다 틈만 나면 꺼내 읽는 시민들의 모습을 자주 볼 수 있습니다. 이 저작은 이러한 신서의 장점을 십분 발휘하면서도 학문적 정교함과 엄밀성을 양보하지 않습니다.

저자는 정교한 실증적인 방법론의 전통이 가장 고도로 진화한 미국의 대학에서 사회학으로 박사학위를 받았고, 일본 교육과 사회에 대한 방법론적으로 매우 정교한 연구성과를 축적하였으며, 서구와의 비교를 염두에 둔 개념과 이론의 구사로 인해 범세계적으로도 인정받는 연구자로 부

상하였습니다. 동시에 저자는 학문적인 담론의 세계에 갇혀 있지 않고
일본의 대중들과 적극적으로 소통하려 노력해 왔습니다. 그것의 한 표현
이 그의 다양한 신서 및 문고 출판입니다. 이 신서는 1995년에 주오코론
신서中央公論新書로 초판된 이래 지금껏 20쇄를 넘는 보급률을 자랑하고 있
습니다. 그 외에도 그의 다양한 저작은 저자 소개 부분을 참고하시기 바
랍니다.

중국의 문호 루쉰은 소설과 잡문 등 다양한 형식의 저작활동에 더하여
서구 문학의 번역 활동에도 적극적으로 참여했는데 그는 그 활동에 대해
이렇게 갈파한 바 있습니다. "번역이란 남의 불을 가져다 제 고기를 굽는
일이다." 루쉰이 말한 번역의 의미에 기대어 말씀드리자면, 가리야 교수
의 대중교육사회론은 한국의 교육과 사회가 지닌 특질을 규명하는 데 있
어 극히 중요한 참고로 삼을 만합니다. 한국은 교육열이 높은 사회라고
누구나 이야기하지만, 정작 높은 교육열이 우리의 평등관, 사회관에 어떤
영향을 미쳤고 사회의 분배구조와 제도에 대한 우리의 대응에 어떤 영향
을 미쳤는지를 구명하려 얼마나 진지하게 시도했는지는 되짚어 보면 아
쉬움이 강하게 느껴집니다. 이 저작은 '동아시아 교육열의 사회학'이라 불
러도 무방할 만큼 좋은 레퍼런스가 될 것으로 역자는 보고 있습니다.

일본과 한국의 교육 및 사회는 현상적으로 보더라도 놀라울 정도의 공
통적 특징들을 보입니다. 몇 가지 예를 들자면, 후기중등교육 및 고등교
육의 급속한 보편화 혹은 대중화, 교육적 포부의 계층 차이를 뛰어넘는
편재화, 학교문화와 계층문화 간 관계의 박약성, 입시에서 성공해 높은
사회적 지위를 획득한 학력엘리트의 존재, 업적주의의 대중화 등 가리야
교수가 전후 일본에서 형성된 대중교육사회의 일련의 속성들로 들고 있

는 것들은 한국에서도 확인할 수 있는 것입니다.

그러나 동시에 그에 못지않게 중요한 차이점들도 존재할 터입니다. 예컨대, 일본에서의 '능력주의적 차별=선별교육론'의 주된 주체라 할 수 있는 일본교직원조합과 같은 진보적인 교원단체는 한국에서는 오랜 기간 존재할 수 없었습니다. 아마도 이는 일본과는 달리 한국이 분단체제에 매여 있다는 구조적인 조건의 차이에서 비롯되었기 때문일 것입니다. 또 한편으로 전후 일본의 지방자치적 교육체제하에서는 실현되기 어려웠던 '중등교육의 평준화 체제'가 한국에서는 권위주의 정권하에서 중앙집권적인 방식으로 만들어졌다고 하는 차이도 무시할 수 없을 것입니다.

보다 시야를 넓혀, 일본과 한국의 교육 및 사회에서 무엇이 공통적이고 무엇이 다른지를 비교사회학적으로 면밀히 규명해 나가다 보면, 서구와는 다른 '동아시아 근대교육의 특질'이라는 주제에 도달하게 될지도 모르겠습니다. 그러한 지적 여정에서 일본 연구자들과의 지적인 대화가 참으로 풍부한 시사를 제공해 줄 것입니다. 이와 같은 맥락에서 이 책의 번역 소개가 그러한 대화와 비교연구의 활성화에 보탬이 될 것으로 기대하고 있습니다.

끝으로, 이 책의 국내 번역 소개를 적극적으로 권장하고, 게으른 역자를 인내심 있게 고무해 주신 우용제 선생님에게 특별히 감사의 뜻을 전하고 싶습니다. 아울러 어려운 출판사정하에서도 이 책이 한국의 독자들과 만날 수 있도록 출판에 힘써 주신 학지사 여러분께도 감사드립니다.

2023년

역자 오성철

┃ 미주

제1장 대중교육사회, 무엇이 문제인가

1) 자료는 미국의 경우 〈High School and Beyond〉 조사(National Center for Educational Statistics가 1980년에 실시), 일본의 경우 「고교생장래조사」(일본청소년연구소가 1980년에 실시)에 따름. 상세한 분석 내용은 Kariya & Rosenbaum (1987) 참조.

2) 구도미 요시유키久富善之 등의 연구에 따르면 그들은 '생활곤란층'으로 추출된 가족이라 해도 아동의 교육에 대한 기대는 결코 낮지 않고 또 부모들이 교육에 열심이라는 점을 보여 준다(久富, 1993).

제2장 사라진 계층문제

1) 「아사히신문」 데이터베이스를 이용하여 1985년 1월 1일부터 1994년 1월 13일까지 게재된 교육관련 기사 중에서 '교육'과 '불평등' 두 단어를 본문에 포함한 기사를 검색했다. 이 두 단어를 포함한 기사는 전부 40건이었다. 그러나 이 중에서 일본 교육에 대해 사회계층과 관련지어 다룬 기사는 하나도 없었다. 일본에 관한 기사의 대부분은 남녀 간의 불평등 문제를 다룬 것이었다.

제3장 '계층과 교육' 문제의 저류

1) 수입계층별 월수입은 石崎唯雄 『日本の所得と富の分配』 東洋經濟新報社 (1983)의 〈표27〉, 소비자물가지수는 『日本長期統計年鑑』에 의해 산출했다.

2) 하타의 논문에는 자료가 몇 년도 것인지 정확하게 기술되어 있지 않다. 아마도 단일한 연도의 자료를 구성한 것이 아니라 어떤 이유에서 여러 해의 자료를 가지고 구성한 것이 아닐까 추측된다. 또 대상으로 한 현 역시 익명으로 되어 있

으므로 실제 비진학률이 어느 정도였는지를 알 수 없다. 따라서 하타가 제시한 표의 각 계층별로 어떤 고교에 다니고 있는지, 그리고 비진학자 비율을 다음과 같은 절차에 따라 추정했다. 우선 하타의 논문 기술을 단서로 비진학률을 쇼와 20년대는 50%, 40년대는 20%로 가정했다. 진학자 수 전체 합계는 하타의 표에 서는 쇼와 40년대 쪽이 작다고 하는 '기묘한' 결과가 제시되어 있지만 이는 무시했고, 또 쇼와 20년대 표에는 사립 입학자 숫자가 전혀 들어 있지 않아 이를 0으로 간주했다. 이런 식으로 각 계층별 진학자 수를 산출하여 이를 토대로 진학률을 계산했다.

제4장 대중교육사회와 학력주의

1) 물론 아마노나 우시오키도 교육사회학자로서 사회계층과 교육성취가 관련되어 있다는 점은 인식하고 있었다. 그럼에도 학력사회를 비판할 때는 논점이 학력 취득 후의 불평등으로 향하며 학력취득 이전의 불평등을 강조하는 논의는 후퇴 하는 경향을 보였음은 부정할 수 없다.

2) 사회의 '근대화', '산업사회화'는 일본적인 학력사회 인식이 부재하는 경우에도 가능할 것이다. 학교교육을 통해 근대적 직업으로 이행하고, 교육을 통한 사회 이동 경로가 갖추어져 있는 사회라면 어디나 교육을 받은 사람이 농업을 떠나 근대적 직종에 참여한다. 그러나 여기서 문제 삼아야 할 것은 이러한 직업구조 의 변화와 학력구성의 변화가 얼마만큼 지체를 일으키지 않고 진행되는가 하는 것이다. 도어(ド-ア, 1978)가 지적했듯이 후발 산업사회에서는 고학력화가 이른 바 '학력인플레'를 일으켜 고학력 실업자를 만들어 내는 경우가 적지 않다. 학력 과 직업의 부정합, 직업구조와 학력구조의 마찰이 일어나는 것이다. 이 점에서 일본의 고학력화는 심각한 마찰을 발생시키지 않고 직업구조의 변화와 대응관 계를 유지해 온 것이 아닐까.

3) 그렇다고 해서 학력엘리트들이 대중에 대한 우월감이나 자존감정을 전혀 갖지 못한다는 뜻은 아니다. 입시경쟁에서 승리해 가는 과정에서 그들이 학력엘리 트에 특유한 우월감을 갖게 되는 것은 부정할 수 없다. 그러나 그러한 우월감이

반드시 계층문화에 뒷받침된 '선량'으로서의 사회적 책임감(노블레스 오블리주)과 관련된다고는 할 수 없다. 입시경쟁을 헤쳐 나오면서 길러진 우월감은 개인적·이기적인 것이기는 해도 계층문화로 연결되어 있는 한 사회집단으로서의 집단의식과는 다른 것으로 생각된다.

4) 교육에서 능력차별 문제는 다음 장에서 다룬다. 여기서는 현재의 학력차별 비판이 예전과 같은 리얼리티를 상실했다고 하는 점을 지적하는 데 그친다.

제5장 '능력주의적 차별교육'의 역설

1) 벽지교육의 문제나 피차별 부라쿠部落, 재일외국인의 교육문제 등 서구적 논의와 동일한 기반에 입각하여 교육에서 '차별discrimination' 문제를 다루는 논의는 이 장에서는 다루지 않는다. 물론 이들 문제가 중요하지 않은 것은 아니다. 오히려 이들 문제의 경우에는 서구 논의와 동일한 시각에서 '차별' 문제를 포착할 수 있다. 그러나 일본에 특징적인 것은 이러한 '차별'과는 다른 지평에서 교육에서 '차별'이 이야기되고 있다는 점이다.

2) 이시카와의 조사에 따르면 소학교, 중학교, 고교 조사 대상교 205교 중에서 65%가 열등감 혹은 바람직하지 않은 우월감이 일어나는 것을 '능력별 학급의 곤란점'으로 들고 있다(石川, 1955: 217).

▌ 참고문헌

Berg, Ivar, 1970, *Education and jobs*, Penguin Publishers Inc.

Bernstein, Basil, 1971, 1973, 1975, *Class, Code, and Control*, Vol. 1-3, RKP.

Bowles, S. and Gintis, H., 1975, *Schooling in Capitalist America*, Routlegde & Kegan Paul.

Coleman, James S. et. al., 1966, *Equality of Educational Opportunity*, Washington D.C.

Collins, Randal, 1979, *Credential Society*, Academic Press.

Fishkin, James. S., 1987, "Liberty versus Equal Opportunity," in Paul, E. F., Miller, Jr. F. D., Paul, J., and Ahrens, J. eds., *Equal Opportunity*, Basil Blackwell.

Jencks, Christopher, et al., 1972, *Inequality: A Reassessment of the Effect of Family and Schooling in America*, New York: Basic Books.

Kariya, Takehiko and James E. Rosenbaum, 1987, "Self-Selection in Japanese Junior High Schools," *Sociology of Education*, 60(3), pp. 168-180.

Keddie, N., 1971, "Classroom Knowledge." in Young, M.F.D. ed. *Knowledge and Control*, Colier-Macmillan.

Oakes, Jeane and Lipton, Martin, 1992, "Detracking Schools: Early Lessons from the Field," *Phi Delta Kappan*, Vol. 73, No. 6, pp. 448-454.

Rist, Ray C., 1970, "Student Social Class and Teacher Expectations: Self-Fulfilling Prophecy in Ghetto Education," *Harvard Educational Review*, 40, pp. 411-450.

ガルツング, J., 1972, 「社會構造・教育構造・生涯教育」, OECD教育調査団, 深代惇郎 (訳), 『日本の教育政策』, 朝日新聞社.

コリンズ, ランドール, 1984, 新堀通也(監譯), 大野雅敏・波平勇夫(共譯), 『資格社会』, 有信堂.

ドーア, ロナルド P., 1978, 松居弘道(譯),『學歷社會 新しい文明病』, 岩波書店.

ドーア, ロナルド P., 1986, 田丸延男(譯),『貿易摩擦の社會學: イギリスと日本』, 岩波新書.

バルト,ロラン, 1967, 篠澤秀夫(譯),『神話作用』, 現代思潮社.

ポールズとギンティス, 1987, 宇澤弘文(譯),『アメリカ資本主義と學校教育』, 岩波書店.

乾彰夫, 1990,『日本の教育と企業社會: 一元的能力主義と現代の教育=社會構造』, 大月書店.

教育制度檢討委員會, 1974,『日本の教育改革を求めて』, 勁草書房.

久保瞬一, 1956,『學力調查』, 福村書店.

久富善之(編), 1993,『豊かさの底辺に生きる』, 青木書店.

宮島誠一, 藤田英典 外, 1992,「文化の構造と再生産に關する實証的研究」,『東京大學教育學部紀要』, 第32巻, 53-88.

宮原誠一, 丸木政臣, 伊ヶ崎暁生, 藤岡貞彦(編), 1974,『資料現代日本教育史 1950-60年』, 三省堂

宮原誠一, 丸木政臣, 伊ヶ崎暁生, 藤岡貞彦(編), 1974,『資料現代日本教育史 1960-70年』, 三省堂.

今田高俊, 1989,『社會階層と政治』, 東京大學出版會.

大谷恒藏, 1951,「能力別學習指導の實際」,『兒童心理』, 1951年 11月号.

東京都立大學教育學研究室「現代と教育實踐」研究グループ, 1992,『教育における競爭と共同の意識調査報告自(その2)』.

藤田英典, 1983,「學歷の経濟的社會的効用の國際比較」,『教育社會學研究』, 第38集, 76-93.

藤田英典, 1990,「社會的・教育的トラッキングの構造」, 菊池誠司(編),『日本の階層構造 3 教育と社會移動』, 東京大學出版會, 127-154.

勞働大臣官房政策調查部, 1987,『日本的雇用慣行の変化と展望』, 大藏省印刷局.

籠山京, 1954,「貧困家庭の學童における問題」,『教育社會學研究』, 第4集, 18-27.

麻生誠, 1991,『日本の學歷エリート』, 玉川大學出版部.

文部省, 1968,『中學校卒業者の進路狀況』.

文部省, 1969,『わが國の教育のあゆみと今後の課題』.

尾嶋史章, 1990,「教育機會の趨勢分析」, 菊池誠司(編),『現代日本の階周構造 3 教育と社會移動』, 東京大學出版會, 25-55.

保谷市教育委員會, 1981,『兒童生徒の校外生活ならびに親の教育意識に關する調査』.

富永健一(編), 1979,『日本の階層構造』, 東京大學出版會.

山本三郎, 1954,『能力別學級編成の教育』, 牧書店.

森口兼二, 1960,「進學機會の規定諸因子に關する一研究」,『京都大學教育學部紀要』, 第6卷, 128-149.

三宅和夫, 1957,「學級における兒童の地位と學習場面での反応について」,『教育社會學研究』, 第11集, 15-27.

森昭, 1951,「民主的教育と能力別學級編成」,『兒童心理』, 1951年 11月号.

森重雄, 1987,「モダニティとしての教育」,『東京大學教育學部紀要』, 第27卷, 91-115.

西田芳正, 1990,「階層と『競爭社會』へのインヴォルヴメント」,『大阪大學教育社會學 ・教育計畫論研究集録』, 第8号, 47-64.

石崎唯雄, 1983,『日本の所得と富の分配』, 東洋経濟新報社.

石田浩, 1989,「學歴と社會経濟的地位の達成-日米英國際比較研究」,『社會學評論』, 第159卷, 252-266.

石川勤, 1955,『能力別學習』, 黎明書房.

小池滋, 1992,『英國流立身出世と教育』, 岩波新書.

粟津龍智(編), 1960,『高校全員入学制』, 新評論.

新堀通也(編), 1966,『學歴-實力主義を阻むもの』, ダイヤモンド社.

新堀通也(編), 1967,『學歴意識に關する調査研究』, 廣島大學.

新堀通也(編), 1969,『學閥-この日本的なるもの』, 福村出版.

安藤良雄(編), 1983,『近代日本経濟史要覽』, 東京大學出版會.

伊藤三次, 1963,「京葉工業地帶調査中間報告(一) 新規學卒者の就業問題-変貌過程にある千葉縣の實態-」,『社會科學研究』, 東京大學社會科學研究所紀要, 第14卷, 第6号.

日本教職員組合(編), 1952-1964,『日本の教育』(第1集-第13集), 國土社.

潮木守一 外, 1972,「高校不進學者發生のメカニズム-岐阜縣の事例」,『名古屋大學教育學部紀要』, 第19卷, 15-43.

潮木守一 外, 1978,「教育意識の構造に關する事例研究」,『名古屋大學教育學部紀要』, 制25卷, 167-230.

潮木守一(編), 1980,『現代のエスプリ No. 152 ゆれる學歴社會』, 至文堂.

潮木守一, 1975,「進路決定過程のパス解析」,『教育社會學研究』, 第30集, 75-85.

潮木守一, 佐藤智美, 1979,「社會階層と學業成績に關する實証的研究(その1)」,『名古屋大學教育學部紀要』, 第26卷, 117-315.

竹内洋, 1991,『立志・苦學・出世』, 講談社新書.

竹内洋, 1993,「日本のメリトタラシー—疑惑・戰略・狼狽」,『岩渡講座 社會科學の方法 VIII システムと生活世界』, 岩渡書店, 239-268.

竹内洋, 1993,『パブリックスクール』, 講談社新書.

中野由美子, 1974,「階層と言語」,『教育社會學研究』, 第29集, 146-160.

直井優, 盛山和夫(編), 1990,『現代日本の階層構造 1 社會階層の構造と過程』, 東京大學出版會.

秦政春, 1977,「高等學校格差と教育機會の構造」,『教育社會學研究』, 第32集, 67-79.

天野郁夫, 1977,「學歷社會の病理」, 麻生誠・潮木守一(編),『學歷効用論』, 有斐閣, 153-176.

天野郁夫, 1992,『學歷の社會史』, 新潮社.

村上泰亮, 1975,『産業社會の病理』, 中央公論社.

村田晃治, 1983,「戰後の能力別學級編成の変遷」,『花園大學研究紀要』, 第14号.

▌찾아보기

내용

▌저자 소개

가리야 다케히코(苅谷剛彦)

1955년 도쿄에서 출생했다. 도쿄대학교 대학원 교육학연구과 수사과정과 노스웨스턴대학교 대학원 박사과정을 수료했다(Ph.D. 사회학). 방송교육개발센터 조교수, 도쿄대학교 대학원 교육학연구과 조교수, 교수 등을 거쳐 현재 옥스퍼드대학교 교수이다(2009년 9월까지 도쿄대학교 대학원 교수 겸직).

저서

『계층화일본과 교육위기(階層化日本と教育危機)』(有信堂高文社)

『교육개혁의 환상(教育改革の幻想)』(ちくま新書)

『교육의 세기(教育の世紀)』(弘文堂)

『미국의 대학·일본의 대학(アメリカの大學·ニッポンの大學)』(玉川大學出版部)

『왜 교육논쟁은 불모인가(なぜ教育論争は不毛なのか)』(中公新書ラクレ)

『지적복안사고법(知的複眼思考法)』(講談社文庫)

『학교·직업·선발의 사회학(學校·職業·選拔の社會學)』(東京大學出版會)

『학교란 무엇일까(學校って何だろう)』(ちくま文庫)

『학력과 계층(學力と階層)』(朝日新聞出版)

『학력의 사회학(學力の社會學)』(共編, 岩波書店)

▌역자 소개

오성철(Oh Seongcheol)

서울교육대학교 교수이며, 식민교육사 및 교육역사사회학, 동아시아근대교육의 비교사회사에 관해 연구하고 있다. 저서로는『식민지 초등 교육의 형성』(2000, 교육과학사),『근대 동아시아의 학생문화』(2018, 서해문집), 역서로는『식민지제국 일본의 문화통합』(공역, 2008, 역사비평사),『일본교육의 사회사』(공역, 2011, 경인문화사)가 있다.

대중교육사회의 형성
–전후 일본의 학력주의와 평등 신화의 역사–
大衆教育社會のゆくえ-學歷主義と平等神話の戰後史

2023년 6월 20일 1판 1쇄 인쇄
2023년 6월 30일 1판 1쇄 발행

지은이 • 가리야 다케히코
옮긴이 • 오성철
펴낸이 • 김진환
펴낸곳 • ㈜ **학지사**

04031 서울특별시 마포구 양화로 15길 20 마인드월드빌딩
대표전화 • 02)330-5114   팩스 • 02)324-2345
등록번호 • 제313-2006-000265호

홈페이지 • http://www.hakjisa.co.kr
페이스북 • https://www.facebook.com/hakjisabook

ISBN 978-89-997-2908-9 93370

정가 16,000원

출판미디어기업 학지사

간호보건의학출판 **학지사메디컬** www.hakjisamd.co.kr
심리검사연구소 **인싸이트** www.inpsyt.co.kr
학술논문서비스 **뉴논문** www.newnonmun.com
교육연수원 **카운피아** www.counpia.com